NACHDENKEN
ERWÜNSCHT

Roland Winter

NACHDENKEN ERWÜNSCHT

Kleine Philosophie für den Hausgebrauch

Bibliografische Information der Deutschen Nationalbibliothek:
Die Deutsche Nationalbibliothek verzeichnet diese Publikation
in der Deutschen Nationalbibliografie; detaillierte bibliografische
Daten sind im Internet über http://dnb.dnb.de abrufbar.

Satz, Umschlaggestaltung, Herstellung und Verlag:
BoD – Books on Demand

ISBN: 978-3-7357-1615-6

Inhalt

Grundsätzliches

Zum Wesen der Philosophie

Im Altertum war Philosophie die Summe des vorhandenen Wissens insgesamt, also Wissenschaft allgemein. Mit dem Wachstum dieses Wissens und der Aufgliederung in Einzelwissenschaften übernahm die Philosophie die Aufgabe von deren Verbindung und Koordinierung bei der Lösung von Problemen, die über die Kompetenz einer einzelnen Wissenschaft hinausgehen. Dabei handelt es sich oft um grundlegende Fragen wie: Gibt es im Kosmos ein höheres Prinzip (Gott)? Was ist Bewußtsein? Wie ist eine krisenfreie Gesellschaftsordnung beschaffen? Die Unterschiedlichkeit der Antworten unterstreicht die Schwierigkeit der Probleme. Dabei sind die Lösungsversuche nicht immer sachlich überzeugend.

Neben der Vielgestaltigkeit der Probleme verfolgen die Philosophen bei ihren Bemühungen auch unterschiedliche Ziele. Dabei besitzen Wissen und Erkenntnis absoluten Vorrang. Darüber hinaus wird oft zusätzlich ein Nutzen angestrebt. Gleichsam aus diesen beiden Ergebnissen folgernd und freilich subjektiv gefärbt, ist noch die persönliche Zufriedenheit von Interesse. Diese Aufzählung erhebt keinen Anspruch auf Vollständigkeit, dürfte aber das Wesentliche enthalten.

Bei der Herangehensweise an Probleme sind zwei Methoden des Denkens zu nennen. Das spekulative Verfahren geht von Annahmen aus und ergibt Vermutungen. Es ist eigentlich als Vorstadium der Erkenntnis anzusehen. Man findet jedoch relativ häufig philosophische Systeme, die solche Hypothesen mit großer Fabulierfreude als endgültiges Resultat ausweisen. Die empirische Methode arbeitet mit objektiven Tatsachen und damit bleibendem Ergebnis. Allerdings geschieht es auch bei redlichen Bemühungen nicht selten, daß bei der Fülle der Einflußgrößen nur ein Teil erfaßt wird, und damit auch empirisch gewonnene Ergebnisse wegen Unvollständigkeit anfechtbar werden.

Es bestehen auch Schwierigkeiten, die nicht im sachlichen, sondern im organisatorischen Bereich liegen. Selbstverständlich ist es zweckmäßig, daß Philosophen sich untereinander austauschen. Da auf unserem Planeten jedoch insgesamt mehrere tausend Sprachen existieren – hiervon etwa 100 Kultursprachen – macht diese Kommunikation jedoch Umstände. Mit gutem Willen und einem kompetenten Übersetzer sind diese allerdings zu bewältigen. Natürlich soll sich ein Philosoph auch in seiner Muttersprache klar und verständlich ausdrücken, was nicht immer der Fall ist.

Es gibt viele philosophische Systeme, jedoch kein verbindliches Schema, nach dem diese benannt werden. So bezeichnet man u.a. nach der zugrundeliegenden Problematik (Historismus), nach der Zielstellung (Pragmatismus) und nach dem Ergebnis (Materialismus). Bei einer zweistelligen Zahl von Ideologien ist auch Skepsis angebracht: Nach einfacher Logik können hiervon nur wenige richtig, jedoch alle falsch sein. Das wird auch dadurch bestätigt, daß sich die einzelnen Lehren untereinander meist widersprechen. Letztlich ist jeder gründliche Mensch darauf angewiesen, sich seine eigene Weltanschauung zu erarbeiten. Nachfolgend wird versucht, hierzu Anregungen zu vermitteln.

Vom Universum

Der Durchschnittsmensch empfindet das Weltall als großen Raum, in dem sich Gegenstände befinden, die unterschiedliche Beschaffenheit aufweisen. Die Unendlichkeit in Entfernung und Zeitablauf ist kaum vorstellbar. Offenbar ist der menschliche Verstand hierfür nicht ausgelegt. Die Astronomen haben beispielsweise festgestellt, daß sich das All ausdehnt, und daß die Sterne ursprünglich zusammengeballt waren. Sie sprechen vom »Urknall«, ohne zu erklären, was in der Ewigkeit vor diesem Zeitpunkt geschah. Die Wissenschaft kommt in diesem Bereich besonders mühsam voran.

Man darf jedoch vermuten, daß im Kosmos ein höherer Sinn waltet. Es ist naheliegend, daß Gläubige dieses Wesen »Gott« oder »Natur«

nennen und in religiöser Meditation mit ihm Zwiesprache halten. Die offiziellen Konfessionen mit ihren Ritualen und Meinungsverschiedenheiten sind in ihrer Mehrheit hierfür ohne große Bedeutung. Für die Kirchen ist eine konservative Haltung kennzeichnend, die oft mit Wissenschaft oder gar gesundem Menschenverstand nicht übereinstimmt; hier wäre eine Modernisierung angebracht.

Lebendigkeit

Beim Leben handelt es sich um einen besonderen Zustand, der den Trägerstoff zu Stoffwechsel, Vermehrung, bei höheren Lebewesen Bewegung und Empfindung befähigt. Die Biologen nehmen an, daß das Leben so entstanden ist, daß in prähistorischer Zeit bei Verfügbarkeit der notwendigen Grundstoffe durch eine zusätzliche Einwirkung (Temperaturstoß, elektrische Entladung o.ä.) der entscheidende Impuls erfolgte. Die Weiterentwicklung geschieht auch heute noch durch spontane Erbänderungen und Auswirkung der Umwelt. Wenn diese Entstehungsweise zu einfach erscheint, dann sind demgegenüber Schöpfungsakt durch ein höheres Wesen oder geheimnisvolle »Lebenskraft« noch weniger einleuchtend und scheiden damit aus.

Etwas Besonderes stellt die Tätigkeit der Nerven dar, und der Höhepunkt ist das menschliche Bewußtsein. Die Eindrücke der Außenwelt werden von den Sinnesorganen wahrgenommen und im Gehirn zu einer komplexen Abbildung zusammengesetzt sowie hieraus Folgerungen abgeleitet. Das wird durch die große Zahl von hundert Milliarden untereinander vernetzter Nervenzellen ermöglicht. Die Nerventätigkeit ist elektrisch meßbar. Eine besondere »Seele« besteht nicht und wird von diesem imponierenden Netzwerk wahrgenommen.

Der Wille zum Leben bedingt die Scheu vor dem Sterben. Mit dem Tod endet das sichtbare Leben. Eine Organspende ist unbedenklich. Der Körper vergeht größtenteils, wobei das Skelett überdauert. Die

Nerventätigkeit erlischt. Im geistigen Bereich lebt ein Mensch u.a. im Andenken seiner Umgebung, in den Genen seiner Nachkommen oder in schriftlichen Zeugnissen weiter. Die Natur neigt zur Stetigkeit. Man darf getrost glauben, daß nach dem Tod die Persönlichkeit eines Menschen in irgend einer Form weiterbesteht. Der Mensch kann der Weisheit der Natur oder dem Wohlwollen Gottes vertrauen.

Gesellschaftsordnung

Die menschliche Gesellschaft ist durch zwei Erscheinungen gekennzeichnet. Einerseits leben die Menschen in Gemeinschaften und haben es durch Arbeitsteilung und technische Entwicklung zu Zivilisation und Wohlstand gebracht, der allerdings häufig von Krisen heimgesucht wird. Demgegenüber gehört der Mensch biologisch zum Tierreich und ist seinen Trieben unterworfen. Er ist egoistisch und aggressiv, was letztlich die Ursache der erwähnten Krisen darstellt. Dieses Verhalten mag in der Urzeit zum Überleben notwendig gewesen sein; in der Wohlstandsgesellschaft ist es sinnlos und richtet nur Schaden an. Für eine Verbesserung ist es also erforderlich, daß die Menschen lernen, ihre Instinkte zu zügeln. Erfahrungsgemäß fällt das nicht leicht.

In der Vergangenheit hat es mehrere Ideologien mit dem Ziel der Verbesserung und dabei unterschiedlichen Inhalten gegeben, die allesamt gescheitert sind. Die Religion delegiert die Verantwortung an Gott, der die Welt vorerst unvollkommen erschaffen hat und nach angemessener Zeit eine Verbesserung herbeiführen wird. Der Faschismus macht gleichsam aus der Not eine Tugend, billigt die Gewalt, und strebt eine Verbesserung für den jeweils Stärkeren zum Nachteil des Schwächeren an. Der Kommunismus führt alle gesellschaftlichen Probleme auf die Eigentumsverhältnisse zurück; mit deren Veränderung werden jedoch erfahrungsgemäß die Nachteile nicht beseitigt, sondern nur umverteilt. Man hat die Wirkungen manipuliert, statt die Ursachen zu beseitigen.

Eine vernünftige, krisenfreie Gesellschaftsordnung, häufig als Altruismus bezeichnet, ist freilich kurzfristig durch eine Revolution nicht zu verwirklichen. Wegen des natürlichen Beharrungsvermögens kann dies nur evolutionär durch Änderung der menschlichen Gesinnung geschehen. Jeder Schritt in die richtige Richtung ist jedoch ein Gewinn. Eine besondere Bedeutung erwächst hierbei den Erziehern und den Medien, welche diese Aufgabe bisher nur ungenügend erfüllt haben. Jeder Mensch kann jedoch durch sein fortschrittliches Verhalten zur Besserung beitragen.

Persönliches Lebensziel

Ein vernünftiger Mensch wird irgendwann über seine Zukunft nachdenken und sich zweckmäßig am Altruismus orientieren. Daher wird er Unfug wie Karrieresucht, Verschwendung und primitive Machtausübung vermeiden. Statt dessen können Ideale wie Kreativität, harmonisches Familienleben und schöngeistiges Kunstverständnis Erfüllung bringen. Er sollte aber auch darauf achten, daß er im Extremfall nicht zum Außenseiter wird; hier sind sicher Kompromisse erforderlich. Er darf sich außerdem von Rückschlägen nicht entmutigen lassen.

Ein Mensch hat meist viele Wünsche, die nicht alle in Erfüllung gehen. Erfahrungsgemäß ist es leider auch oft so, daß ein erfüllter Wunsch an Bedeutung verliert. Man sollte weiterhin in allen Dingen maßhalten. Ob bei der Arbeit oder beim Genuß – Übertreibung schadet immer und nur Ausgewogenheit zwischen Anstrengung und Entspannung ergibt ein Optimum. Zusammenfassend gilt: Jeder Mensch hat trotz Problemen das elementare Recht, sich immer und überall wohlzufühlen.

Glossar

Ideologische Varianten

Religion

Die Welt in ihrer Unendlichkeit ist nur zum Teil erforscht, und die Wissenschaft ist daher gleichsam als Vorstadium auf Vermutungen angewiesen. Die Gegebenheiten deuten darauf hin, daß im All ein umfassendes Prinzip herrscht; damit ist der Glaube an ein höheres Wesen, Gott oder auch Natur genannt, berechtigt. Diese Religiosität hat im Laufe der Zeit zu einer großen Vielgestaltigkeit geführt.

Bei den Benennungen meint Theologie Religionswissenschaft, Theismus Gottgläubigkeit, Pantheismus Glaube an die Natur und Deismus Gott als Schöpfer, jedoch nicht Lenker, schließlich ist Atheismus Unglaube. Von der Zahl der Gläubigen her überwiegen Judentum, Christentum und Islam, die historisch auseinander hervorgegangen sind. Es schließt sich noch der Buddhismus an, der keinen Gott kennt, aber seinen Gründer verehrt, sowie noch viele andere. Es gibt begrüßenswerte Bestrebungen, bei Wahrung der Eigenständigkeit der einzelnen Konfessionen ein gemeinsames Ethos zu erarbeiten und Mißbrauch zu unterbinden. Man kann hierzu nur Erfolg wünschen.

Die Menschen müssen viele Probleme lösen und Leiden erdulden; hieraus ergibt sich die Frage, warum Gott die Welt so unvollkommen erschaffen hat. Man nennt das Theodizee. Die Mißlichkeiten sind jedoch zumeist vom Menschen selbst verursacht. Da dieser mit einem freien Willen ausgestattet ist, hat er die Mängel auch selbst zu verantworten. Ein bescheidener Optimismus ist berechtigt.

Idealismus contra Materialismus

Die beiden Begriffe haben trotz ihrer Gegensätzlichkeit gemeinsam, daß sie sprachlich doppelsinnig sind. In der Umgangssprache bezeichnen sie die unterschiedliche Einstellung eines Menschen zu Geld und Gut, philosophisch die Orientierung auf Geist gegenüber Materie.

Der Idealismus geht davon aus, daß das einzig Wirkliche das Denken selbst ist, und daß die Welt daher nur aus »Ideen« besteht. Der Kosmos ist also geistig und der höchste Geist ist Gott.

Beim Materialismus ist die Welt materiell und auch ohne Mensch vorhanden. Dabei werden die äußeren Eindrücke vermittels der Sinnesorgane dem menschlichen Gehirn zugeleitet und hier abgebildet sowie beim Denken miteinander verknüpft. Gelegentliche Sinnestäuschungen sind nicht die Regel, sondern die Ausnahme. Der Materialismus ist für den gesunden Menschenverstand die einleuchtendere Variante.

Diese Einschätzung wird durch die Funktionsweise des Gehirns bestätigt. Sektionen ergaben, daß dieses Organ aus mehreren Milliarden Nervenzellen besteht, die untereinander vernetzt sind. Zwischen diesen Zellen sind elektrische Ströme meßbar, deren Schwankungen die für den Denkvorgang erforderlichen Informationen enthalten, wissenschaftlich »Modulation« genannt. Im philosophischen Sinne ist also der elektrische Strom die Materie, und die Modulation stellt die zugehörige Abbildung, das Bewußtsein, dar. Denken allein, gleichsam im leeren Raum, ist unmöglich.

Historismus

Diese philosophische Variante unterstellt, daß die menschliche Geschichte nach erkennbaren Gesetzen abläuft, und damit die Möglichkeit besteht, verbindliche Vorhersagen für die zukünftige Entwicklung zu treffen. Auf kulturellem Gebiet ist hier am bekanntesten Oswald

Spengler, der in seinem Buch »Der Untergang des Abendlandes« den Verfall der europäischen Kultur vorhersagt. Wegen der inzwischen stattfindenden Globalisierung ist dies kaum noch möglich festzustellen.

Auf dem Gebiet der Sozialpolitik ist dies vor allem der Kommunismus, im Unterschied zum utopischen Sozialismus. Von der bisherigen Entwicklung der Menschheit ausgehend, wird eine klassenlose und weitestgehend konfliktfreie Gesellschaft vorausgesagt. Zur Beschleunigung dieses Vorgangs werden konkrete Maßnahmen wie Revolution und Verstaatlichung der Produktionsmittel vorgeschlagen. Wie bekannt, ist der Versuch, diese Gesellschaftsordnung nur auf einem Teil der Erde einzuführen, vorerst gescheitert und muß als verfrüht gelten.

Die Sozialisten streben demgegenüber einen allmählichen Übergang vom Kapitalismus zum Sozialismus an. Wegen der unterschiedlichen Einflüsse auf die historische Entwicklung wie Naturereignisse, technische Erfindungen, Rolle von Persönlichkeiten ist keine historische Gesetzmäßigkeit wissenschaftlich feststellbar.

Existentialismus

Diese philosophische Richtung befaßt sich mit dem menschlichen Leben, mit seinen Freuden und Leiden. Besonders wird der schwierige Begriff der Freiheit untersucht. Bei der Angst vor dem Tode trägt diese Lehre bereits religiöse Züge. Der Existentialismus ist im 20. Jahrhundert fast zum Modeschlagwort geworden, ohne freilich die Probleme der Menschheit auch nur zum geringen Teil lösen zu können.

Nihilismus und Anarchismus

Die Mängel bestehender Gesellschaftsordnungen veranlassen Bestrebungen zu deren Veränderung. Die genannten Varianten wollen dabei jede Ordnung abschaffen und das Zusammenleben der Menschen einer allgemeinen Moral überlassen. Dieses Extrem ist in einer modernen, zivilisierten Welt nicht vertretbar und würde zum Chaos führen.

Empirismus und Positivismus

Diese beiden Philosophien haben im Wesentlichen dieselbe Aussage: Voraussetzung für das Denken sind die Eindrücke, die von außen durch die Sinnesorgane dem Gehirn zugeleitet werden. Angeborene Ideen ohne diese Zuführung gibt es nicht. Die Überlegungen münden in der Wissenschaftstheorie, d.h. der Art und Weise, wie wissenschaftliche Erkenntnisse sinnvoll gewonnen und geordnet werden können. Hypothesen sind nur als Vorstadium und Modelle nur zur Veranschaulichung erlaubt; als endgültig zählen nur Erfahrungstatsachen. Der Glaube ans Unerforschte ist Gegenstand der Religion.

Utilitarismus, Pragmatismus, Altruismus

Diese drei philosophischen Richtungen sind sich insofern ähnlich, als sie nicht nach absoluten Wahrheiten streben, sondern nach konkreten Ergebnissen fragen. Die erste Variante betont die Nützlichkeit der Überlegungen, die zweite deren praktische Bewährung. Der Altruismus fordert im Gegensatz zum Egoismus eine zwischenmenschliche Abstimmung und ein harmonisches Zusammenleben. Dieser Komplex ist also insgesamt für den sozialen Bereich zuständig.

Physikalismus contra Vitalismus

Die Erfolge der exakten Naturwissenschaften verführten dazu, die gesamte Welt mittels physikalischer Gesetze erklären und eine Art Einheitswissenschaft kreieren zu wollen. Das ist kaum möglich und auch nicht notwendig. Demgegenüber betont der Vitalismus die Bedeutung des noch immer gleichsam geheimnisvollen Lebens und vertritt hieraus auch ethische Belange. Freilich unterliegen Lebewesen zusätzlich auch den Gesetzen der Physik.

Eklektizismus und Holismus

Diese philosophischen Richtungen sind weniger bekannt, da sie keine abgegrenzten Systeme beinhalten. Sie streben vielmehr einen Ausgleich zwischen anderen Philosophien an. Während der Eklektizismus historisch der Antike zugerechnet wird, ist der Holismus aktuell. Der Meinungsstreit, ob beispielsweise die Biologie durch physikalische Gesetze erklärbar ist, oder ob vielmehr die komplizierten biologischen die einfacheren physikalischen Gesetze mit beinhalten und diese aus jenen herleitbar sind, soll durch Versachlichung beendet werden.

Agnostizismus und Sophismus

Im Unterschied zum dialektischen Materialismus ist diese Philosophie davon überzeugt, daß die Welt nicht völlig erkennbar ist. Statt dessen werden jedoch unbegrenzt Vermutungen zugelassen. Das betrifft auch den religiösen Glauben. Es handelt sich bei dieser Variante also gleichsam um einen Kompromiß.

Fiktionalismus, Intutionismus, Konstruktionismus

Diese Varianten betonen auf ähnliche Weise, daß der Eindruck der Außenwelt, der von den Sinnesorganen dem Gehirn zugeleitet und dort verarbeitet wird, hierbei einer wesentlichen Veränderung unterliegt. Dabei befaßt sich der Konstruktionismus vorrangig mit Hypothesen, der Fiktionalismus mit Utopien und der Intutionismus mit dem künstlerischen Bereich. Die drei Varianten stellen also keine eigenständigen Systeme, sondern Verfeinerungen anderer Philosophien dar.

Esoterik

So werden Geheimwissenschaften für Eingeweihte bezeichnet. Sachlich handelt es sich um spekulative Vermutungen, d.h. Vorgänge im wissenschaftlich unerforschten Bereich. Das ist nur als Hypothese zulässig und sonst geistige Hochstapelei. Nicht selten hat sich auch das Unterhaltungsgewerbe dessen angenommen oder es wird gar in betrügerischer Absicht gehandelt.

Prominente Philosophen

Konfuzius, der Historische

Sein Name ist latinisiert und lautet eigentlich Kung-fu-tse. Er lebte in vorchristlicher Zeit im alten China, war Staatsmann und verfaßte mehrere Bücher. Der Kern seiner Lehre war, daß die Menschen vernünftig miteinander leben sollen. Diese einfache Weisheit, die sich offenbar nur schwer verwirklichen läßt, ist heute wie damals aktuell.

Aristoteles, der Vielseitige

Mit diesem Gelehrten erreichte die antike Wissenschaft ihren Höhepunkt. Er faßte die Erkenntnisse seiner Vorgänger zusammen und schrieb eine stattliche Zahl von Büchern. Seine Weisheit wurde noch von den Mönchen des Mittelalters verwendet und wirkt selbst in der Gegenwart noch anregend. Die griechische Philosophie gilt als die Wiege der abendländischen Kultur.

Die Enzyklopädisten

Eine Enzyklopädie ist eigentlich ein wissenschaftliches Nachschlagewerk, eine Art Lexikon. Die Verfasser dieses aus 28 Bänden bestehenden Buches waren jedoch darüber hinaus Philosophen, die die Menschheit aufklären und die Welt verbessern wollten. Die Redakteure hießen Diderot und d'Alembert. Ihnen standen noch Helvetius, Holbach, La Mettrie, Lavoisier, Montesquieu, Rousseau und Voltaire nahe. Das Werk dieser Männer wirkte befruchtend und mündete letztlich zum Ende des 18. Jahrhunderts in die Französische Revolution.

Kant, der Fleißige

Dieser Mann hat im 18. Jahrhundert fast immer in Königsberg/Kaliningrad gelebt und ist dort als Professor sehr alt geworden. Diese günstigen Umstände haben ein umfangreiches Werk hervorgebracht, in dem alle Wissensgebiete enthalten sind. Am bekanntesten ist der »kategorische Imperativ«, daß jeder Mensch so leben soll, daß er als Vorbild gelten kann. Kant hat kein geschlossenes philosophisches System kreiert, sondern für Generationen von Philosophen in seiner Methodik Maßstäbe gesetzt.

Nietzsche, der Radikale

Dieser Denker hat ein unruhiges Leben geführt und läßt sich kaum anderen philosophischen Richtungen zuordnen. Er verwarf alle vorangegangene Philosophie einschließlich der Religion und propagierte nach einer »Umwertung aller Werte« den Übermenschen mit dem »Willen zur Macht«. Seine Schreibweise war nicht sachbetont, sondern poetisch überhöht; das erleichterte den Mißbrauch seiner Gedanken. Die Grenzen zu einer späten Geisteskrankheit erscheinen fließend.

Schopenhauer, der Pessimistische

Er übte in seinem Hauptwerk »Die Welt als Wille und Vorstellung« Kritik an der menschlichen Gesellschaft und stieß damit vorerst auf Ablehnung. Erst als die Technik-Euphorie gegen Ende des 19. Jahrhunderts abflaute und sich deren Schattenseiten bemerkbar machten, wurde dieser Philosoph populär.

Marx, der Revolutionäre

Zusammen mit seinem Freund Engels schuf er den dialektischen und historischen Materialismus (»Marxismus«). Dieser geht davon aus, daß die Produktionsverhältnisse die maßgeblichen Triebkräfte einer Gesellschaft sind, und daß daher die Verstaatlichung der Produktionsmittel eine entscheidende Wende herbeiführt. Diese These ist einseitig und hat sich nicht bewährt. Die Ideologie führte zwar in einigen Ländern zur sozialistischen Revolution, vermochte jedoch den Kapitalismus nicht zu überwinden.

Einstein, der Berühmte

Die aus dem Alltag geläufigen Naturgesetze von Elektromagnetismus und Gravitation gelten nur bei kleinen, »irdischen« Geschwindigkeiten, und zu Beginn des 20.Jahrhunderts vermuteten mehrere Experimentalphysiker die Notwendigkeit einer Erweiterung des vorhandenen Weltbildes. Einstein faßte diese Erkenntnisse in zwei »Relativitätstheorien« zusammen und ermittelte dabei u.a. die Äquivalenz von Masse und Energie. Darüber hinaus war er auch politisch wirksam und trat für Frieden und Fortschritt ein.

Wittgenstein, der Doppelte

Kurioserweise gibt es diese Person zweimal, wobei der spätere Wittgenstein die Gedanken des früheren völlig verwirft und neue Überlegungen kreiert. Trotz hieraus resultierender verständlicher Skepsis sollte man diese beachten, behandeln sie doch Probleme der unterschiedlichen Sprachen, ohne sie freilich lösen zu können. Sprache ist nicht nur zwischen Gemeinschaften, sondern auch in sich nicht eindeutig, indem die Zuordnung zwischen Gegenstand und Benennung vielge-staltig sein kann – ein wissenschaftliches Dilemma.

Markante Schlagworte

Äther

Dieses Wort ist mehrdeutig. Neben Chemie und Poesie benutzt es auch die Philosophie. Die Forscher konnten sich früher nicht vorstellen, daß die Felder von Schwerkraft und Elektromagnetismus durch den leeren Raum wirken, und dachten sich den Kosmos daher von einem Stoff mit besonderen Eigenschaften erfüllt. Die Existenz dieses »Äthers« hat sich nicht bewahrheitet.

Dialektik

Dieser Begriff ist zum Schlagwort geworden und außerdem mehrdeutig. Umgangssprachlich meint Dialektik eigentlich Kunst des Meinungsstreits, philosophisch faßt sie einige kosmische Erfahrungstatsachen zusammen. So bestehen zwischen allen Erscheinungen Zusammenhänge. Alles ist in Bewegung und Veränderung. Diese Veränderung wird durch Kampf von Gegensätzen verursacht. Stetigkeit wird gelegentlich durch sprunghafte Veränderungen unterbrochen. Die Welt ist erkennbar. Über die Gültigkeit von Gesetzen entscheidet die Praxis.

Interessanterweise haben Idealismus und Materialismus trotz ihrer Gegensätzlichkeit beide die Regeln der Dialektik integriert. Der erstere erachtet diese für das Denken als maßgebend, der andere für das Verhalten der Materie. Da es sich zugleich um alltägliche Erkenntnisse handelt, erscheint das Ganze als philosophische Kategorie überbewertet.

Emergens

Dieses Schlagwort bezeichnet die Erscheinung, daß manche Vorgänge keinen strengen Gesetzen gehorchen, sondern nur statistisch zu erfassen sind. Diese Vorgänge unterliegen vielen Einflußgrößen, die sich untereinander entgegenwirken, sie regulieren sich daher selbst. Das trifft beispielsweise auf das Wetter zu.

Entelechie

Zu deutsch »Lebenskraft«, meint dieses Wort den Unterschied zwischen lebender und toter Materie; es zielt insbesondere auf das Zusammenwirken zwischen den Teilen eines Organismus, welches das Leben erst ermöglicht, bis hin zur Abstimmung innerhalb von Lebensgemeinschaften. Über die Entstehung des Lebens bestehen bisher nur Vermutungen. Man weiß inzwischen, aus welchen Grundstoffen Lebewesen bestehen, kann diese jedoch noch (?) nicht künstlich herstellen.

Kabbala

Dies ist nach Bibel, Thora und Talmud die jüngste der jüdischen Schriftsammlungen. Es wird vermutet, daß in dem lesbaren Text in verschlüsselter Form noch weitere religiöse Offenbarungen enthalten sind und mittels Computer hervorgebracht werden können.

Kybernetik

Dieser Begriff wird am Besten klar, wenn man seine Vorgeschichte betrachtet. Wenn ein technischer Vorgang einen anderen zielgerichtet beeinflußt, so wird dies als »Steuerung« bezeichnet. Wenn das System das Ergebnis selbsttätig mit einem Sollwert vergleicht und Abweichungen korrigiert (Rückkopplung) nennt man das »Regelung«. Wenn das Geschehen über den technischen Bereich hinaus auf andere Gebiete ausgedehnt wird, heißt das »Kybernetik«. In Natur, Gesellschaft und Marktwirtschaft finden häufig kybernetische Vorgänge statt. So fällt beispielsweise bei Überproduktion einer Warengattung der Preis und dadurch steigt die Nachfrage bis zum Ausgleich.

Logik

Sie ist die Wissenschaft vom richtigen Denken und gipfelt in der Mathematik. Wenn z.B. zwei Gegenstände mit einem dritten übereinstimmen, so sind sie auch untereinander gleich. Im täglichen Leben sind allerdings die Zusammenhänge selten so eindeutig, und viele Menschen neigen zu unlogischem Wunschdenken.

Metaphysik und Ontologie

Bei diesen beiden Begriffen hat es im Laufe der Zeit Veränderungen, Überschneidungen und sogar Mißbrauch gegeben. Etwas vereinfacht fragt die Ontologie nach dem Wesen der Dinge, geht also in die Tiefe. Demgegenüber geht die Metaphysik in die Breite, denkt über die Verknüpfung der Einzelwissenschaften hinaus über die Arbeitsweise der Philosophie selbst nach. Von den Gegnern werden diese beiden etwas abstrakten Vokabeln auch recht häufig beim Fehlen sachlicher Argumente in abwertendem Sinn gebraucht.

Monade

Während bereits in der Antike das Atom als kleinstes, unteilbares Teil der Materie galt, wurde mit Beginn der Neuzeit eine komplexe Einheit als Teil des Weltganzen mit »Monade« bezeichnet. Beide Begriffe sind überholt, wobei das Atom in anderem, teilbaren Sinne wiedererstanden ist und große technische Bedeutung erlangt hat.

Paradigmawechsel

Ein Paradigma ist eine umfassende Betrachtungsweise, die während einer Zeitspanne allgemein angewandt wird. Sie ist nicht an ein Sachgebiet gebunden und kann historisch von einer andersartigen Meinung abgelöst werden. So ist die Existenz Gottes über Jahrtausende ein bleibendes Paradigma. Hingegen ist in Osteuropa die Überzeugung, daß mit der Enteignung der Produktionsmittel das Leben entscheidend verbessert wird, dem Gegenteil gewichen. Die Frage, welcher Grad von körperlicher Entblößung als schicklich zu gelten hat, etwa die weibliche Rocklänge, ist gar periodischen Schwankungen nach Generationen unterworfen.

In der Philosophie ist eine Hinwendung von reinem, abstraktem Denken zur Erörterung von Sachproblemen zu verzeichnen. Eines wissenschaftlichen Beweises bedarf ein Paradigma nicht. Das einzig Bleibende ist offenbar als menschliches Grundbedürfnis die Veränderung. Man sollte also diese Sache nicht zu ernst nehmen.

Geschichten und Reime

Ein schwieriges Seminar

Die Vielfalt der Sprachen erschwert die Verständigung zwischen den Menschen. Das trifft für die ohnehin etwas abstrakte Wissenschaft in besonderem Maße zu, und man spricht seit der Globalisierung sogar von »linguistic turn« in der Philosophie. In dieser Hinsicht war ein Seminar besonders aufschlußreich, das nachfolgend kurz geschildert werden soll.

Das Thema lautete »Mathematik und Materialismus« und ist insofern interessant, da Zahlen und mathematische Begriffe als vom Menschen ausgedacht gleichsam einen Grenzfall zwischen den philosophischen Richtungen darstellen. Teilnehmer waren ein französischer sowie ein deutscher Mathematiker, ein deutscher materialistischer Philosoph, ein Dolmetscher und etwa hundert Studenten. Die Veranstaltung wurde mit einem französischen Referat, das der Dolmetscher in deutscher Sprache vortrug, eröffnet. Die Probleme begannen mit der anschließenden Diskussion. Der Dolmetscher beherrschte zwar die beiden Sprachen, kam aber mit den etwas schwierigen philosophischen Sinnstellungen nicht klar. Der deutsche Philosoph konnte zwar nur wenig französisch, ihm war jedoch der Fachwortschatz geläufig. Nach einer Verlegenheitspause ergriff er daher die Initiative und übernahm eine zusätzliche Mittlerrolle, oft von Zwischenrufen ergänzt.

Eine markante Episode ergab sich, als ein fürwitziger Student fragte, wie sich denn die Philosophen dazu stellten, daß zwei parallele Gerade zwar immer den gleichen Abstand hielten, sich aber nach mathematischem Axiom im Unendlichen schneiden würden. Der Veranstalter rettete sich in einen Scherz und erntete Gelächter mit der Formulierung »wir sind doch alle froh, daß die Unendlichkeit so weit draußen liegt«. Das Ergebnis der Diskussion war, daß es im Materialismus als Abbild der Wirklichkeit auch abstrakte Erscheinungen gibt.

Ein zweiter Umstand stimmte jedoch ebenfalls nachdenklich: Auf der Erde werden etwa einhundert Kultursprachen gesprochen. Wie soll ein fruchtbarer Gedankenaustausch unter den Philosophen verlaufen, wenn schon beim Zusammentreffen zweier Sprachen solche Schwierigkeiten auftreten? Langweilig verlief die Veranstaltung jedenfalls nicht.

Kritik

Im gesellschaftlichen Leben
ist es leider meistens Brauch,
mehr zu nehmen als zu geben
und der Egoismus auch.
Man gehorcht mehr seinen Trieben,
als die Mitmenschen zu lieben.
Für die Mängel dieser Welt
sind drei Gründe festgestellt:
Als erstes sagt die Religion
zur Sachlage in ernstem Ton:
Der Mensch gehört nicht zu den Affen.
Aus Erde ward er doch erschaffen
und Gottes Odem eingehaucht.
Wenn sterblich dieser Hauch entschmaucht,
so schwebt damit die Seele weg,
und übrig bleibt ein Quentchen Dreck.
Alternativ die Biologie
spricht von Entwicklung und weiß wie:
Der Mensch ward nicht von Gott erschaffen.
Nach Darwin stammt er ab vom Affen.
Deshalb ganz allgemein und hier,
verhält er sich auch wie ein Tier.
Da ist es vielleicht ganz normal,
daß Klugheit fehlt wie auch Moral.
Und soziologisch unverhüllt
ergibt sich nachfolgendes Bild:
Dummheit ist das einzig Wahre,
von der Wiege bis zur Bahre.
Was vom Fortschritt wird gelehrt,
sich ins Gegenteil verkehrt.

Allen Heilslehren zum Hohn,
statt Nächstenliebe Aggression.
Ob wohl bis zum Jüngsten Tag
sich der Zustand ändern mag?
Am Schluß ist nun zu diesen Fragen
philosophisch noch das zu sagen:
Die Welt wird alt und wieder jung.
Bemühen bringt Verbesserung.
Da sollt im subjektiven Leben
ein Mensch trotzdem zu Höh'rem streben!

Isegrim

Im bürgerlichen Leben hieß er eigentlich Schmidt (mit dt); da aber Schullehrer grundsätzlich einen Spitznamen brauchen, wurde er nach einer Märchenfigur »Isegrim« genannt. Das paßte zu ihm, er war groß, trug meist eine strenge Miene zur Schau und wollte treudeutsche Untertanen erziehen. Gelernt haben die Kinder wenig Konkretes und das nicht selten falsch. Eine Episode war besonders aufschlußreich.

Im Unterricht wurde der Darwinismus mit seiner Auslese durch »Kampf ums Dasein« behandelt. Der Pauker übertrug dieses Naturgeschehen auch auf den zivilisierten Menschen und, da man sich mitten im Zweiten Weltkrieg befand, auch auf ganze Völker. Im Eifer ging er so weit, daß nur der Starke das Recht zum Überleben hätte, und daß dies auch bei der späteren Familiengründung und Wahl des Ehepartners beachtet werden sollte. Die Reaktion der Schüler war unterschiedlich. Während ein Teil vor sich hin döste und gar nicht zuhörte, nahmen die Rüpel und Rabauken diese Anschauung als Bestätigung für ihre Gewaltbereitschaft. Die andere, intelligentere Gruppe empfand jedoch die Einseitigkeit dieser Behauptung. Vor allem die Mädchen wollten später einen zwar aufrechten, aber auch liebevollen Mann ehelichen. Als sie widersprachen und dies aus weiblicher Sicht begründeten, dämmerte es dann auch dem Rest der Schulklasse.

So blieb der Schaden, den dieser sogenannte Pädagoge in staatlichem Auftrag und für ein beachtliches Gehalt in den Köpfen seiner Schüler anrichtete, relativ gering.

Ein Parasit

Auch er war einst ein kleines Kind,
so niedlich, wie die Kinder sind.
Gezeugt ward er aus edlem Triebe,
nicht aus Vergnügen, sondern Liebe.
Als er entschlüpft der Mutter Schoß,
war ringsherum die Freude groß.
Der Säugling war auch kerngesund
und rosig-zart, die Wangen rund.
Bald lernt er laufen, sprechen, singen
und Unfug auch vor allen Dingen.
Ach wie so rasch enteilt die Zeit,
und Zukunft wird Vergangenheit!
Nun drückte er der Schule Bank
fast jeden Tag, mal kurz, mal lang.
Recht gemischt war das Erlebnis
und entsprechend das Ergebnis:
Als vergangen warn zehn Jahr,
ward es rundum offenbar,
daß er meist ein Faulpelz war.
Dann begann der Ernst des Lebens,
sowohl Nehmens, als auch Gebens.
Im Beruf stand nun der Held,
nicht zum Spaß, jedoch für Geld.
Dabei steigt hier nur der Lohn,
wenn auch wächst die Produktion.
Bald ward es ihm völlig klar,
daß dies kein Vergnügen war,
wenn der eigne Schweiß geschwind
von der heißen Stirne rinnt.
Drum schaut um sich unser Mann,

wie er's leichter haben kann.
Arbeit tuts doch nicht allein,
»klingeln« muß dabei noch sein.
Klingelt er erst manches Mal,
tut er's bald dann überall.
Das Ergebnis der Erscheinung
war dann schließlich diese Meinung:
Arbeit ist nur manchmal wichtig,
klingeln jedoch immer richtig.
Und so nutzt er jederzeit
Andrer Oberflächlichkeit.
Dabei hatte unser Knabe
eine ganz besondre Gabe
zu präsentieren, agitieren,
konspirieren, intrigieren.
Ständig warb er ganz inbrünstig,
und der Zufall war ihm günstig:
Für eine neue Tätigkeit
war kein Bessrer da zur Zeit.
Man soll den Tag erst abends loben,
doch dieser Mann fiel steil nach oben.
Nun war er ein Chef und Leiter.
Klingeln, das betrieb er weiter.
Wissenschaft und Leitungsstil,
davon hielt er nicht sehr viel.
Sein Umgangston war allemal
zu Hinz und Kunz unkollegial.
Dabei trieb er eine rege,
intensive Imagepflege.
Wie er beruflich handeln tat,
verhielt er sich dann auch privat.
Einst hat er ein Weib gefreit.

Als jedoch die Pflichten kamen,
hat die Sache ihn gereut,
und er nascht bei andren Damen.
In seinem privaten Leben
galt sein vorwiegendes Streben
Essen, Trinken, Bungalow,
Parties, Reisen und Auto.
Er fühlte sich besonders wohl
bei Tabakrauch und Alkohol.
Dieses unsolide Treiben
konnt nicht ohne Folgen bleiben.
Nur Genuß tagein tagaus
wirkt gesundheitlich sich aus.
Krankheit war hier der Gewinn
und voll Kläglichkeit im Sinn
wandelt er zum Facharzt hin.
Jedoch Therapie und Kur
zeigt von Wirkung keine Spur.
Spritze half nicht noch Diät,
jede Hilfe kam zu spät.
Mit bedenklichem Gesicht
nun der Doktor zu ihm spricht:
»Diagnose hoffnungslos«,
wie war da die Not gar groß?
Bald kam dann der Tod ins Haus,
knipst den Bordcomputer aus.
An dem Grab ward sehr geklagt
und viel Freundliches! gesagt.
Doch alle haben es gewußt –
für diese Welt wars kein Verlust.
Und die Moral von der Geschicht:
Leb so wie dieser Macher nicht.

Ein jeder soll in seinem Leben
nicht nur empfangen, sondern geben.

Abgeschminkt

Auf einer Theaterbühne läuft die Handlung in der Regel vor den Kulissen ab; manchmal gewinnt man auch hinter diesen neue Erkenntnisse. Mir wurde jedoch ein Theatererlebnis zuteil, auf das keines von beiden zutraf, das gleichsam im Abseits stattfand, und das kam so:

Vor langer Zeit hatte ich eine recht launige Operettenaufführung besucht, anschließend in angeregter Stimmung im Theaterrestaurant noch eine Kleinigkeit gegessen – in Deutschland sagt man hierzu wohl »einen kleinen Imbiß genommen« – und wollte danach, wie damals üblich, mit der Straßenbahn heimwärts fahren. Das Publikum hatte sich inzwischen größtenteils zerstreut, dagegen mischte sich nun auch Bühnenpersonal, jetzt freilich unkostümiert und in Straßenkleidung, unter die Fahrgäste. Meinem Platz gegenüber setzte sich eine weibliche Person, die mir bald irgendwie bekannt erschien. Nach kurzer Musterung hatte ich Mühe, meine Überraschung zu verbergen, denn es war niemand anderes – als die Soubrette, also eine Schlüsselfigur des Theaterensembles. Aber wie anders sah sie jetzt aus! Auf der Bühne hatte sie im grellen Scheinwerferlicht blond und strahlend jugendlichen Übermut versprüht und mit ihrer hellen Stimme sogar bei offenem Vorhang Sonderapplaus eingeheimst. Nun saß da ein müdes Weib in reifen Jahren, abgeschminkt und teilnahmslos, zeitweise mit geschlossenen Augen. Es trug einen unscheinbaren langen Mantel, ein Tuch lässig um den Kopf geschlungen, und die der kalten Witterung entsprechenden klobigen Schuhe verrieten eine souveräne Gleichgültigkeit gegenüber der just herrschenden grazilen Mode.

Es dauerte ein wenig, bis ich diese Wandlung verstand. Diese Frau war während der mehrstündigen Vorstellung die meiste Zeit auf der Bühne gewesen, hatte immer wieder gesungen, gesteppt und mit ihren Gags das Publikum begeistert. Dabei hatte sie sich freilich auch verausgabt. Jetzt war sie erschöpft und der Adrenalinvorrat aufgebraucht.

Sie wollte nur noch nach Hause, möglichst rasch ins Bett, am Besten allein, um neue Kräfte zu sammeln; am nächsten Vormittag würde auch schon wieder die Probe für die nächste Einstudierung stattfinden, und ohne ihre Mitwirkung ging das kaum – Künstlerlos. Als sie mich einmal kurz anblickte, erwog ich, sie anzusprechen, ein paar anerkennende Worte über die gelungene Aufführung vorzubringen, habe es aber dann doch nicht gewagt. Unter solcherart Überlegungen war die Straßenbahn ein gutes Stück vorangekommen und hielt wieder. Mein Gegenüber erhob sich plötzlich und strebte eilig zum Ausgang. Man sah die Künstlerin durchs Fenster noch kurz im fahlen Schein einer Straßenlaterne, dann verschwand sie wie ein Spuk in der Nacht.

Die Episode hatte mich etwas nachdenklich gestimmt. Der Unterschied zwischen Schein und Sein war wohl beim Theaterbetrieb besonders offensichtlich. Wie das Sprichwort sagt, bedeuten die Bühnenbretter jedoch die ganze Welt.

Teamwork

Es ist nun mal historisch wahr:
Sehr früh ward es dem Menschen klar,
daß er mit seiner schwachen Kraft
so ganz allein nur wenig schafft.
Will etwas Großes er erreichen,
dann nur vereint mit seinesgleichen.
Wenn man gemeinsam denkt und handelt,
so wird zuletzt die Welt verwandelt.
Der Mensch ward nicht von Gott erschaffen,
nach Darwin stammt er ab vom Affen,
und Engels hat in unsrem Land
vor hundert Jahren schon erkannt,
daß Arbeit erst den Menschen schuf
und wichtig daher der Beruf.
Auch dort wirkt man nicht ganz allein,
gemeinsam will die Arbeit sein.
Doch soll man sehn nicht nur das Schöne:
Beim Kollektiv gibts auch Probleme.
Es geht nicht an, daß man hier träge,
statt körperlich und geistig rege.
Kein einziger darf dabei ruhn
und alle müssen etwas tun.
Auch darf man nicht einander fliehen
und muß in einer Richtung ziehen.
Bei allzu großem Meinungsstreit
die ganze Sache nicht gedeiht,
kommt kollektive Tätigkeit
mit dem Effekte nicht sehr weit.
Und letztlich dann noch dies Erlebnis:
Rein mathematisch lange klar,

doch soziologisch gleichfalls wahr –
bei lauter Nullen kein Ergebnis!
Die Mannschaft sei auch nicht zu groß,
sonst geht sehr lange nicht viel los.
Bei einer großen Menschenmenge
da gibt es letztlich nur Gedränge.
Ist umfangreich die Formation,
bis hin zur ganzen Nation,
ist wichtig Kommunikation,
sonst gibt es Irritation.
Demgegenüber kann es sein,
daß solch ein Kreis besonders klein,
zum Beispiel liebt man stets zu zwein.
In diesem Falle unerhört
ein zusätzlicher Partner stört.
Die Liebe ist zu zweit recht günstig,
die Zärtlichkeit dabei inbrünstig
und ist man auch noch kreativ,
stellt sich Erfolg ein perspektiv,
vergrößert sich das Kollektiv.
War man bis dahin nur zu zwein,
so lebt man ständig dann zu drein.
Da kann es alsbald Fragen geben
zum innigen Familienleben.
Probleme beim Zusammenwohnen
gibts zwischen Generationen.
Und doch für die Erziehung wichtig,
ist die Familie hier ganz richtig.
Als Ausnahme gibts auch noch Sachen,
die ganz allein Vergnügen machen.
Zum Beispiel wenn ein Eremit
in seine Einsamkeit entflieht,

um hier sich in sich selbst zu senken,
den Urgrund allen Seins zu denken,
die Welt aufs neue zu kreieren
und mit sich selbst zu diskutieren.
Zu umfangreich wie auch zu klein,
so extremal, das soll nicht sein.
Im Überblick ganz unumstritten –
das Optimum liegt in der Mitten.
Und insgesamt (doch siehe oben),
da muß das »Kollektiv« man loben.
Schließt sich nicht an ein Ganzes an,
ein Nichts bleibt letztlich jedermann.

Eine denkwürdige Exkursion

An einem Wochenende im Frühling, etwa zwischen Ostern und Pfingsten, beschloß eine Gruppe Studenten aus Dresden, einen Ausflug in die »sächsische Schweiz« zu unternehmen. Die Reise ließ sich anfangs ganz gut an. Die Bahn gewährte Mengenrabatt, und bei der Wanderung durch die bizarren Felsbildungen des Elbsandsteingebirges konnte man die abstrakten Wissenschaften für eine Weile vergessen. Der April ist jedoch für seine Unbeständigkeit bekannt, und bald verfinsterte sich der Himmel. Die Niederschläge ließen nicht lange auf sich warten, und als sich in den Regen noch Eis und Schnee mischten, kehrten die Ausflügler fluchtartig um. Auf dem Rückweg löste sich die Schar auf. Während die Mehrheit wieder dem Bahnhof zustrebte, kehrte ein kleiner Teil in einem am Wege gelegenen Gasthaus ein. Die Leute wollten sich den Tag nicht vermiesen lassen, und nachdem man sich etwas aufgewärmt hatte, setzte eine lebhafte Unterhaltung ein. Der übliche Unitratsch war ziemlich schnell abgehandelt; nicht zuletzt durch den genossenen Weingeist angeregt, wandten sich die Gespräche dann auch tieferschürfenden Themen zu.

Bei den Anwesenden war das Ende des Studiums in Sicht. Kein Wunder, daß es vorrangig darum ging, welche Lebensziele man sich stellen und wie man sie verwirklichen wollte. Natürlich schien es hier naheliegend, die vorhandenen philosophischen Richtungen daraufhin abzuklopfen, ob sie in dieser Frage hilfreich sein könnten. Diese Ermittlung verlief aber enttäuschend: War schon die große Zahl dieser Lehren verdächtig, so stellte sich heraus, daß sie alle entweder völlig abstrakt, oder wissenschaftlich überholt, oder auch bereits durch die Praxis widerlegt waren. Mit ihnen konnte man also nichts anfangen. Die Vertröstung auf ein besseres Jenseits, das Darben für die Weltrevolution, oder gar ein Heldentod fürs Vaterland sind eben nicht überzeugend.

Man einigte sich dagegen ziemlich schnell darauf, daß es erstrebenswert sei, in diesem einen kurzen Leben einfach glücklich oder wenigstens zufrieden zu sein. Dazu gehören weder Schlaraffenland noch Ekstase; neben den animalischen Lebensbedürfnissen sind vor allem schöpferische Arbeit und friedliches Zusammenleben notwendig. Von diesem wünschenswerten Zustand war man freilich noch weit entfernt.

Das Leben ist nur manchmal schön und ansonsten von Verdruß und Mißgeschicken gekennzeichnet. Davon ist jedoch nur ein kleiner Teil durch Naturkatastrophen bedingt; das meiste ist hausgemacht, d.h. von der menschlichen Gesellschaft selbst verschuldet. Die Hauptursache ist dabei der Egoismus, das Bestreben, sich zu Lasten anderer aufzuwerten. Das beginnt bereits mit Rangelei unter Kindern, um beispielsweise auf dem Spielplatz eine Rangordnung einzuführen. Da wird weiterhin unter Erwachsenen versucht, mit unredlichen Mitteln Karriere zu machen. Schließlich zetteln machtgierige Politiker Kriege an und hinterlassen verwüstete Länder. Offenbar ist Aggressivität ein Urinstinkt des Menschen, der wahrscheinlich in der Steinzeit zum Überleben notwendig war, in einer zivilisierten Gesellschaft jedoch völlig überflüssig ist und ausschließlich Schaden anrichtet. Infolge des natürlichen Beharrungsvermögens ist hier freilich nur eine allmähliche Veränderung zu erwarten.

An dieser Stelle machte sich in der Gesprächsrunde eine merkliche Ernüchterung breit. Logischerweise ergab sich hieraus die Frage, wie sich jeder Einzelne in dieser Situation verhalten sollte. Keiner wollte bei diesem – wie man fand – Unfug mittun. Andererseits mochte niemand allzu große Nachteile als Außenseiter in Kauf nehmen. Es galt also, mit einer defensiven Grundhaltung hier einen sicher nicht ganz einfachen Kompromiß zu finden.

Nach diesem Ergebnis stellte einer der Disputanten fest, daß man soeben für einen fundamentalen Problemkomplex eine eigene grundsätzliche Lösung erarbeitet und so die Kriterien für ein neues philosophisches System erfüllt habe. Es fehlte eigentlich nur noch der pas-

sende Name. Dem stand allerdings entgegen, daß alle hierzu geeigne-
ten klangvollen Fremdwörter bereits besetzt waren. An diesem Punkt
wurde die Debatte ganz plötzlich unterbrochen, indem jemand auf
die vorgerückte Stunde aufmerksam machte mit dem banalen Zusatz,
daß der letzte Zug gewiß nicht warten würde. Damit schwenkte das
allgemeine Interesse abrupt zur gemeinsamen Heimfahrt um. Auf so
profane Weise wurde die Kreation einer neuen Philosophie verhindert.
Die Menschheit wird es verschmerzen können.

Der Zug hatte die übliche Verspätung, so daß die Reisegesellschaft
ihn noch erreichte. Während der Fahrt flackerte das Gespräch manchmal wieder auf; eine Diskussion kam jedoch nicht mehr zustande. Die
Eisenbahn führte die Reisenden nun wieder ihrer gewohnten Umgebung zu, und alle dachten an den bevorstehenden Alltag mit seiner
Monotonie, seinen Sorgen und Sehnsüchten.

Heilslehren

Im fernen Morgenland,
vor rund zweitausend Jahren,
ein Stern am Himmel stand.
Da hat man es erfahren,
daß schuld am Übel dieser Welt
die Dummheit ist, das schnöde Geld,
und zur Verbesserung die Triebe
sind Glaube, Hoffnung und die Liebe.
Der Jesus sagts den Menschen an
und was er meint, war wohlgetan.
Er sprach am Berg, er rief ins Tal,
er predigte bald überall.
Das Ganze hat alsbald vor allem
der Obrigkeit ganz sehr mißfallen.
Damit es niemand sollte wagen,
ward dieser Mann ans Kreuz geschlagen.
Doch hat sein Wort sich ausgeweitet
und war bald allenorts verbreitet.
Als dann vergangen lange Zeit,
gab es die neue Obrigkeit.
Von der Verbesserung auf Erden
könnt trotzdem nicht gesprochen werden.
Stand auf ein Kritiker im Land,
so ward als Ketzer er verbrannt.
Doch man hat weiter festgestellt,
daß doch der Zustand dieser Welt
den meisten Menschen sehr mißfällt.
Da konnte es nicht anders sein,
der Heiland blieb nicht lang allein,
es stellten Nachfolger sich ein,

verkündigten des Heiles Lehren,
die von den Menschen zu verehren.
Immer wieder ein Versuch
wiederholt sich wie ein Fluch.
Wiederum ward hier mißhandelt,
die Methoden nur gewandelt.
Doch gehts nicht so, wie man gern möcht,
denn die Geschichte will nicht recht.
Nun erhebt sich wohl die Frage,
was ist Ursache der Plage?
Wieso ist denn die Welt so mies
und noch so lang kein Paradies?
Warum ist dem Mensch im Leben
wenig Fröhlichkeit gegeben?
Warum wiegen unsre Freuden
denn so leichthin zu den Leiden?
Ists Ignoranz, ists Aggression,
ists Aneignung von fremdem Lohn?
Ob wohl bis zum Jüngsten Tag
hierbei sich was bessern mag?
Einfach ist die Überlegung
und braucht kaum Gemütsbewegung.
Das ist der Wahrheit letzter Schluß,
den man dann bloß befolgen muß:
Was Du gern willst, das man Dir tu,
das füg auch Deinem Nächsten zu!

Biographie eines Karrieristen

An einem schönen Samstag im Juni fand in der ostdeutschen Kreisstadt M. die Beerdigung eines Mannes statt. Als der Pastor in der Friedhofskapelle ausführlich von treuer Pflichterfüllung und ewiger Liebe sprach, erinnerten sich die anwesenden Jugendfreunde des Verstorbenen, daß er in der gemeinsamen Schulzeit weder besonders freundlich noch intelligent gewesen war. Von kräftiger Statur, hatte er sich mehr durch seine Fäuste Geltung verschafft. Nach Pubertät und Schulentlassung erlernte er ein Handwerk.

Er merkte jedoch bald, daß nützliche Arbeit mit ziemlich viel Mühe und Anstrengung verbunden war und fand sie auch irgendwie langweilig. Er begann daher, sich politisch zu betätigen und mit etwas Dreistigkeit gelang es ihm, umzusatteln. Als Funktionär verbrachte er seine Zeit damit, wortreich für den Kommunismus zu werben und schöngefärbte Berichte zu verfassen. Da ihn das nicht ausfüllte, fand er noch ausreichend Gelegenheit, sich zu bereichern. Trotz des Mangels im Lande ergatterte er auf diese Weise Wohnung und Auto, ein pralles Bankkonto, Sommerhaus und Ferienreisen. Im Laufe der Zeit handelten jedoch immer mehr Menschen so wie er, und in der Gesellschaft wurde immer weniger gearbeitet. So ging der Staat eines Tages unerwartet bankrott.

Der Schrecken währte aber nur kurze Zeit. Sehr bald vollführte dieser Held ganz ungeniert eine Kehrtwendung und begann nun emsig die Marktwirtschaft zu preisen. Da Schmarotzer jedoch meist ungesund leben und auch er sich vorwiegend auf den Genuß orientiert hatte, besaß er nun keine inneren Reserven mehr. So schied er beim ersten Infarkt unerwartet früh aus dem Leben. Nach seinem Hinscheiden zankten sich die Nachkommen um das zweifelhafte Erbe. Eine bleibende Spur hinterließ der Mann nicht.

Heimat

Was ist Heimat? hör ich fragen.
Das ist leider schwer zu sagen.
Sie ist fern und doch so nah,
ist nicht greifbar und doch da.
        Sie ist eine Frage.
Heimat ist das Elternhaus,
wo man einst zog ein und aus.
Ist die Straße, die gegangen
man mit Freude oder Bangen.
        Sie ist Vergangenheit.
Sind die Wiesen und die Felder,
sind die Berge und die Wälder,
sind die Menschen, sind die Leute,
unvollkommen stets bis heute.
        Sie ist das ganze Land.
Scheint die Heimat gar verloren,
weil die Fremde man erkoren,
hat sie ganz besondren Wert,
und wir sehen sie verklärt.
        Sie ist Erinnerung.
Als großes Glück wird es empfunden,
wenn man dereinst zurückgefunden.
Ist dies »Heimat« kann man fragen.
Wers nicht erfühlt, wirds nie erjagen …
        Sie ist ein Gefühl.

Tüftelfreude

Einer unserer Nachbarn ist ein Rätselfan. Wie andere Menschen auch versucht er seine Freizeit sinnvoll zu gestalten, und wenn nichts Interessanteres vorliegt, so befaßt er sich mit Ratespielen. Das begann bereits in der Kindheit mit einfachen Kreuzworträtseln und steigerte sich in reiferen Jahren. Zuletzt widmete er sich z.b. mathematischen Aufgaben, bei denen absichtlich Lücken eingefügt waren, deren Ausfüllung dann die Lösung ergab.

In jüngster Zeit hat er jedoch eine völlig neue Gattung von Rätseln erschlossen. Es handelt sich hierbei um ziemlich schwierige und ebenfalls lückenhafte Texte, denen etwas irreführend als Überschrift das Wort »Bedienungsanleitung« o.ä. voransteht. Wie in alter Zeit beim Einkauf in Lebensmittelläden die Kinder oft Bonbons als Zugabe geschenkt bekamen, so werden heutzutage beim Kauf von Geräten meist solche Ratespiele zur Erbauung der Kunden beigegeben.

Der erwähnte Nachbar befaßt sich oft und gern mit diesen Produkten. Das geht soweit, daß er nicht selten billige Importe aus Fernost ersteht, die er gar nicht benötigt, um nur in den Genuß der Rätselbeilagen zu gelangen. Inzwischen hat er eine interessante Entwicklung in der Vereinheitlichung des Weltmarktes herausgefunden. Bekannte einheimische Markenfirmen glauben offenbar, auf diese Werbegags nicht verzichten zu können und liefern als Gebrauchshinweise, Erläuterungen usw. nun ebenfalls entsprechende Beilagen zum Raten und Tüfteln. Im Zuge der europäischen Einheitsbestrebungen sind diese Texte in allen einschlägigen Sprachen formuliert und die zugehörigen Drucke daher von angemessenem Gewicht.

In einer kürzlichen Episode glaubte der Mann beim Einkauf im Fachgeschäft sich schon in seinem Hobby geschmälert, was sich jedoch als unbegründet erwies: Die Familie leistete sich eine neue, große und leistungsfähige Fernsehkombination. Der Händler hatte vorher in einem sogenannten Beratungsgespräch zum Erwerb eines volldigitalisierten und deshalb ziemlich kostspieligen Gerätesets überredet und nahm – wohl wissend, daß der Start schwierig sein und zumindest die Ehefrau eine Verzögerung nicht hinnehmen würde – die Inbetriebnahme selbst vor. Von der Demonstration verstanden die zukünftigen Benutzer zwar kaum etwas, aber der Apparat funktionierte. Während die Kinder staunten und die Frau bereits wieder nörgelte, frohlockte der Hausherr, waren doch fast alle Einzelheiten des Betriebs noch unklar und konnten von ihm aus den reichlich mitgelieferten Faltblättern und Heften herausklamüsert werden.

Die Materie stellte sich als unerwartet voluminös heraus, indem an dem Gerätekomplex mittels nahezu hundert Bedienungsknöpfen sowie deren gegenseitiger Verquickung eine dreistellige Anzahl von unterschiedlichen Teilvorgängen ausgelöst werden konnte. Da der zugehörige Erläuterungstext auch hier wieder ziemlich unklar und lückenhaft war, schätzte der Mann voller Freude ein, daß in diesem Bereich wohl während der gesamten Lebensdauer der Geräte, wenn nicht gar bis ans eigene Lebensende, ein hochinteressanter Rätselspaß seiner harrte. Vorher war ihm die Neuanschaffung fast ein wenig überteuert erschienen. Aber ein solcher damit verbundener ideeller Wert ist eigentlich überhaupt nicht mit Geld bezahlbar ...

Lasst Blumen sprechen

Blumen sind fast immer schön,
deshalb, laßt uns nah besehn,
was in menschlichen Gefühlen
sie für eine Rolle spielen:
Bei Geburt und Wochenbett
bringt man Blumen und Bukett,
um den Säugling, diesen süßen,
auch gebührend zu begrüßen.
Ziemlich schnell enteilt die Zeit
frühkindlicher Heiterkeit.
Bald drückt »es« der Schule Bank
viele schwere Jahre lang.
Was am Ende ist ihr Preis,
das Ergebnis von dem Fleiß?
In der weihevollen Stunde
zieren Blumen diese Runde.
Wird der Teenager dann mündig,
bei der Partnersuche fündig,
wirbt er zart für seine Triebe
und schenkt Blumen seiner Liebe.
Dann genauso wird beglückt
bald darauf die Braut geschmückt.
Was nun noch weiter kommen mag,
wird jeder Freud- und Ehrentag
am Morgen, Abend, in der Nacht
verschönert durch der Blumen Pracht.
Und dann, wenn einstmals klopfet an
zu guter Letzt der Knochenmann,
sogar des Todes düstres Bild
durch diese freundlich wird verhüllt,

wenn dargebracht wird an dem Grabe
auch hier der Blumen bunte Gabe.
Bislang so hieß es: Formulare
von der Wiege bis zur Bahre.
Viel besser ist zu jeder Zeit,
bei passender Gelegenheit,
ein Blumensträußchen zum Geleit!

Irrtümer

Die Geschichte der Menschheit gleicht einer Kette von Irrtümern. Das beginnt mit jugendlichem Unverstand der Individuen, geht weiter über historisch bedingte Unkenntnis der Art als Ganzes in vielerlei Varianten und endet bei bewußter Täuschung ganzer Völker durch ihre Obrigkeit. An sich ist Irren nicht schlimm und zutiefst menschlich. Es wäre auch völlig verfehlt, aus Scheu vor Irrtümern ständig in Untätigkeit zu verharren. Aus Fehlern kann man lernen. Verwerflich wird es jedoch, wenn falsche Meinungen aus Trägheit, Geltungsbedürfnis oder wie auch immer wider besseres Wissen aufrechterhalten werden. Hier scheidet sich der Narr vom Halunken. Irrtümer können kurios oder tragisch sein, peinlich oder vielleicht sogar notwendig. Zur freundlichen Erbauung seien nun einige besonders markante Fälle dieser Art nachfolgend beschrieben.

Ein besonders abenteuerlicher Komplex von geographischen und historischen Irrtümern ist mit der Entdeckung des amerikanischen Kontinents verbunden. Gegen Ausgang des Mittelalters war die Annahme, daß die Erde eine große Scheibe sei, gegen den erbitterten Widerstand reaktionärer Kreise endgültig zugunsten einer kugeligen Gestalt als Irrtum anerkannt. Die christliche Seefahrt war zugleich so weit gediehen, daß man brauchbare Seewege nach dem Wunderland Indien suchte. Da die Route um die Südspitze Afrikas herum recht beschwerlich war, überlegte der genuesische Kapitän Columbus, daß man bei einer Kugel in entgegengesetzter Richtung ebenfalls zum Ziel kommen müßte. Diese Unterstellung erwies sich bekanntlich als ebenso genial und im Ergebnis erfolgreich wie letztlich irreführend.

Während der langwierigen und entbehrungsreichen Segelfahrt fälschte der kühne Kapitän fortwährend sein Logbuch, um die Mannschaft wegen der großen Entfernungen nicht zu beunruhigen. Das schließlich entdeckte Land wird heute noch als »Westindien« bezeichnet und seine

Ureinwohner heißen »Indianer«. Des weiteren erachteten die arglosen Eingeborenen die weißen Neuankömmlinge als »Kinder der Sonne« für besonders liebenswert, was sich bald als besonders schwerwiegender Irrtum herausstellen sollte. Trotz der erfolgreichen Reisen und seiner Verdienste verbrachte dann der große Entdecker als Ergebnis von Intrigen einen Teil seines späteren Lebens im Kerker und erbat sich hernach seine Fesseln als sinnige Grabbeigabe. Und zu allem Überfluß ist außerdem Columbus gar nicht der Entdecker dieses Kontinents, da die Wikinger schon lange vor ihm hier, wenn auch etwas nördlicher, an Land gingen. Man findet wohl selten eine so geschlossene Reihe von Irrtümern, Mißverständnissen und Fälschungen wie bei dieser historischen Episode.

Einen besonders interessanten wissenschaftlichen Irrtum stellt die Erfindung des geheimnisvollen Stoffes »Phlogiston« durch den Chemiker Stahl dar. Schon immer hat die Erscheinung des wärmespendenden Feuers die Menschen beschäftigt. In der Antike wurde es neben Wasser, Erde und Luft als eins der Grundelemente des Universums angesehen. Das war nicht eigentlich falsch, aber doch sehr ungenau. Zu Beginn der Neuzeit befaßten sich die Forscher erneut mit dem Vorgang der Verbrennung. Wohl durch den Augenschein angeregt, nahm man vorerst an, daß aus dem brennenden Material fortlaufend eine Substanz, Phlogiston, entweichen würde. Da die Verbrennungsrückstände seltsamerweise schwerer waren als die Ausgangsstoffe, unterstellte man, daß jener Stoff im Unterschied zu anderer Materie ein negatives Gewicht besäße. Diese Annahme fügte sich harmonisch ein in das Schema der negativen und positiven elektrischen Ladungen sowie ebensolchen »Polen« des magnetischen Feldes. Die scharfsinnige Theorie erregte seinerzeit Aufsehen, erwies sich freilich später als völlig falsch. Heutzutage erfährt jedes Kind in der Schule, daß sich bei der Verbrennung Sauerstoff aus der Luft mit einem anderen Element, z.B. Wasserstoff, vereinigt, wobei Wärme entsteht. Trotzdem war jene Hypothese keineswegs absurd, sondern bildete eine sinnvolle Stufe zu weiterführenden Erkenntnissen der wissenschaftlichen Zusammenhänge.

Eine ziemlich tragische Erscheinung aus dem gesellschaftspolitischen Bereich ist demgegenüber die kommunistische Ideologie. Sie entstand aus den sozialen Mißständen des 19. Jahrhunderts in dem Bestreben, durch gemeinnütziges Wirtschaften Wohlstand für alle zu schaffen. Die Lehre enthielt neben der noch heute gültigen Zielstellung jedoch auch etliche Irrtümer. So behauptete Marx in seiner Ausbeutungstheorie, daß zwar alle wesentlichen Werte von der Arbeiterklasse erschaffen würden, diese jedoch hiervon nur den geringen Anteil erhalte, um gerade noch ihr Leben fristen zu können. Die Vervielfachung der Arbeitsproduktivität durch den Einsatz von Maschinen und damit die Auswirkung der in diesen enthaltenen Kreativität wurde mißachtet, was später den technischen Fortschritt behinderte. Der wesentlichste Fehler war jedoch wohl die Überschätzung der moralischen Lernfähigkeit der Menschen und ihrer Bereitschaft, den Eigennutz dem Gemeinwohl freiwillig unterzuordnen. Das System teilte denn auch das Schicksal anderer Heilslehren und entartete in der Praxis bald zum Vorwand für eine neue Obrigkeit, um das Volk wiederum beherrschen und ausbeuten zu können. Auch nach der Auflösung dieses Regimes wirkten seine Mängel noch lange nach.

Bei der Betrachtung dieser und anderer Fehler und Irrtümer könnte man aus der Sicht des gegenwärtigen Erkenntnisstands mit überheblichem Lächeln auf unsere Vorfahren und ihre Probleme herabschauen. Das Gegenteil jedoch ist angebracht. Das Denken des Menschen wird auch weiterhin unvollkommen genug sein. So tut man gut daran, die Schwächen der Vergangenheit als Vorstufe zum heutigen Stand und diesen selbstverständlich nur als Etappe zur weiteren Entwicklung anzusehen, nur so erhält das Ganze einen Sinn.

Lebensabschnitte

Die Kindheit ist des Daseins Mai.
Man wächst, gedeiht, ist meistens heiter,
genießt den Tag fast ohne Sorgen,
verschiebt den Kummer gern auf morgen.
Das Leben scheint hier lauter Wonne
und ideell strahlt nur die Sonne.
Wenn dieser Frühling dann vorbei,
fängt an der Sommer – es geht weiter.
Hier nun beginnt der Ernst des Lebens.
Man rackert scheinbar oft vergebens.
Meist unterbleibt der Höhenflug,
dafür hat man Verdruß genug.
Ein Teil der ganzen Mühewaltung
dient zusätzlich der Arterhaltung;
Man frönt dem edelsten der Triebe,
und dies Gefühl nennt man dann »Liebe«.
Schrecklich, wie die Zeit enteilt –
es wird Herbst, eh' man verweilt!
Jetzt gibts Rente – was wird nun,
soll man auf den Lorbeern ruhn
oder doch was Neues tun?
Wer erstrebt privaten Segen,
muß sich auch im Alter regen
und vertreibt mit dieser Eile
Müßiggang und Langeweile.
Bald steht der Winter vor dem Tor
und merkt uns für den Ausstieg vor.
Es kündet sich das Ende an,
bei jeder Frau und jedem Mann.
Ein wenig bange ist man schon.

Hier spendet Trost die Religion.
Wer gar nicht glaubt, der nimmt es hin –
auch unser Tod hat seinen Sinn …

Wenn der Born sprudelt

Von den deutschen Städten, die »Plauen« heißen, weist die an der Weißeritz nahe Dresden gelegene Variante eine Besonderheit auf. Den Marktplatz ziert ein Brunnen, auf dem statt der üblichen allegorischen Figuren wie Wassergetier oder Fabelwesen ein kleines Mühlrad angebracht ist, das sich im herabfallenden Wasser munter dreht. Die Einrichtung hat keinen technischen Nutzen, wird jedoch als Kuriosität von Kindern und Touristen oft bewundert. Das benachbarte Gasthaus nennt sich denn auch ganz sinnig »Am Mühlenbrunnen«. Mit dieser Schenke, äußerlich eine eher bescheidene Eckkneipe, hat es wiederum etwas Besonderes auf sich. Da die Universität nicht weit ist, rekrutieren sich die Gäste zu einem erheblichen Teil aus Studenten oder gelegentlich auch Professoren. In vorgerückter Stunde, wenn die alltäglichen Themen ausgeschöpft sind, wenden sich die Gespräche dann auch theoretischen oder gar philosophischen Dingen zu. Ein Dozent, des Lateinischen noch mächtig und nicht ohne Witz, meinte, daß hier der spiritus vini zum spiritus rector mutiere, etwas frei übersetzt, daß der Weingeist sich zum Feingeist wandle oder auch schlicht, daß Alkohol doch recht anregend wirken könne. Die Unterhaltung wird nicht immer sachlich geführt; insgesamt spiegelt sie jedoch die reale Wirklichkeit ziemlich treffend wider.

Dabei werden auch die großen Welträtsel ziemlich unbekümmert angegangen. Der schwerverständliche und deshalb hochgeschätzte Kant nennt als Aufgaben der Philosophie Glaube, Wissen und Tun. Während Religion und Theologie als zu subjektiv sowie die Sachwissenschaften als Inhalt des akademischen Alltags unoriginell scheinen, ist die Ethik als Lehre vom richtigen Tun hier oft Gesprächsgegenstand. Einigkeit besteht darin, daß unsere Welt verbesserungsbedürftig ist, ja daß sie sich in einer Krise befindet. Über die Art der Abhilfe freilich scheiden sich die Geister. Die Geduldigen möchten die Probleme

an ein höheres Wesen delegieren oder dem Selbstlauf der Natur überlassen. Fanatiker dagegen propagieren die Gewaltanwendung durch
eine fortschrittliche Elite. Beide Methoden haben bekanntlich bisher
versagt. Die klügste Gruppe ist daher der Meinung, daß die Menschen
endlich den letzten Schritt ihrer Evolution bewußt vollziehen und
ihren biologisch eingeprägten, aber ökonomisch längst überflüssigen
Aggressionstrieb überwinden sollten. So könne man vom urzeitlichen
Wurm über den gegenwärtigen Affen zum eigentlichen Menschen
gelangen und käme dem biblischen Paradies ein Stück näher.

Selbstverständlich vermag ein solcher Disput große Probleme nicht
zu lösen, kann sogar vorübergehend verwirren. Er weitet jedoch den
Horizont und schärft den Blick fürs Wesentliche, hilft später im Alltag,
Schein und Sein zu unterscheiden. Glücklicher werden die Menschen
dabei nicht. Irgendwie stellt der Mühlenbrunnen auch ein Gleichnis
für die menschliche Gesellschaft dar. Es plätschert, ständig dreht sich
das Rad, doch es kommt dabei nicht von der Stelle.

Grabgedanken

Ich ging, voll Pietät im Sinn,
mit Blumengruß zum Friedhof hin.
Stand dann vor meiner Eltern Grab
und sprach voll Kummer dort hinab:
Mir ist das Herze ziemlich schwer,
ihr seid weit weg und fehlt mir sehr.
Nur ihr wart es, die mich geliebt
und schlimm, daß es euch nicht mehr gibt!
Mir gehts nicht so, wie ich wohl möcht',
das Leben ist mehr schlecht als recht.
Auch fühle ich mit etwas Bangen,
daß ihr mir nur vorangegangen.
Vielleicht wird doch erhört mein Flehn,
und es gibt dann in jenen Höhn,
wenn wir dereinstmals auferstehn,
am Jüngsten Tag ein Wiedersehn ...

Sonnenwende

An einem regenverhangenen Tag im November wollte in dem kleinen Erzgebirgsdorf S. eine alte Frau ihrem Leben ein Ende setzen. Sie war einsam. Die Männer, die sie in ihrer Jugend hätte heiraten können, waren in zwei großen Kriegen getötet worden. Um ihren Lebensunterhalt zu verdienen, hatte sie tagaus, tagein in einer Textilfabrik Knöpfe angenäht. Ihre bescheidenen Ersparnisse waren dabei mehreren Geldentwertungen zum Opfer gefallen, die in diesem Jahrhundert als Folge politischer Wirren insgesamt dreimal stattgefunden hatten. Das Rheuma zwickte in den Beinen. Sie kam sich auch so überflüssig vor.

So erwog sie, den Gashahn aufzudrehen. Sie hatte jedoch in der Zeitung gelesen, daß dabei Explosionsgefahr bestünde und die Nachbarn gefährdet würden. Daraufhin suchte sie einen Strick, fand jedoch in dem baufälligen Haus dazu keinen Haken, der stabil genug war. Aus dem Fenster springen wollte sie auch nicht, da das die Kinder der Umgegend erschreckt hätte. So ließ sie schließlich von ihrem Vorhaben ab. Vielleicht kämen doch auch wieder einmal bessere Zeiten? Nach dem bevorstehenden Winter würden auf jeden Fall die Tage wieder länger werden. Daß die alte Schachtel in diesem Augenblick über sich selbst hinauswuchs und viele Großen dieser Welt moralisch überrundete, war ihr nicht bewußt.

Und der nächste Frühling kam erwartungsgemäß, mit Sonnenschein und lauen Lüften, mit Schneeglöckchen und Kirschblüten – ganz selbstverständlich.

Du und ich

Als ich damals dich gesehen,
war es bald um mich geschehen.
Begehrt' zuerst ich deinen Leib,
fürs Kosen zwischen Mann und Weib,
hat mich sodann, ganz tief beglückt,
auch deine Seele noch entzückt.
Wie du jetzt bist, so ich dich mag,
von früh bis spät, bei Nacht und Tag!

> Liebe kennt keine Zeit –
> Liebe ist stets bereit.

Auch die Unvollkommenheit
wird verziehen allezeit:
Jede Sache hat zwei Seiten
und man könnte ständig streiten.
Doch hierbei ist uns nicht bang,
das Gerangel währt nicht lang.
Denn zuletzt, genau besehn,
ist Versöhnung ja so schön!

> Liebe will keinen Streit –
> Liebe ist Freundlichkeit.

Wenn einst schwinden unsre Triebe,
naht kein Schluß für diese Liebe.
Noch ist nicht alles zu Ende,
das Leben wird weitergehen.

Ganz spät erst kommt eine Wende
zu andren, glorreichen Höhen.
So ich dich dort einstmals fände –
das wäre ein Wiedersehen!

        Liebe bedingt kein Leid –
        Liebe ist Ewigkeit.

Blinde Göttin

Im Polizeibericht stand in angemessener Kürze zu lesen, daß in der Nacht vor Ostern im Ortsteil R. ein Rentner zusammengeschlagen und beraubt worden war. Das Opfer war vom herbeigerufenen Notarzt ins Krankenhaus überführt worden. Politische Motive seien für die Tat unwahrscheinlich. Für die Ergreifung der Täter wurde die Bevölkerung zur Mithilfe aufgefordert.

In den zum Tatort benachbarten Häusern hatten zwar etliche Bewohner den Lärm gehört, aber im Schummerlicht der Straßenbeleuchtung nur Undeutliches gesehen. Was nicht gesagt wurde: Einzelne glaubten, die Beteiligten zu kennen, wollten jedoch mit der Sache nichts zu tun haben, um dem damit verbundenen Verdruß aus dem Wege zu gehen. Der Alte war eben zur falschen Zeit am falschen Ort gewesen; er mußte doch wissen, daß die Straßen nachts unsicher sind. Der einzige Hinweis kam von einer jungen Mutter, die darüber klagte, daß seit geraumer Zeit eine Gruppe Jugendlicher das Stadtviertel unsicher mache und vor allem die Kinder terrorisiere. Entsprechende Beschwerden hätten nur dazu geführt, daß Schule und Polizei sich gegenseitig den »schwarzen Peter« zuschöben und keiner sich als zuständig erachte. So unklar diese Aussage war, führte sie doch weiter. Der verletzte Rentner war zwar durch den Vorfall auf einem Auge erblindet, konnte jedoch nach seiner Entlassung aus der Klinik mit dem verbliebenen Auge bei der Gegenüberstellung einen der Täter identifizieren. Die weitere Aufklärung war dann für die geübten Kriminalisten nicht mehr schwer. Wie alle Schläger war auch dieser ein Feigling und nannte, um die eigene Haut zu retten, bald seine Mitschuldigen. Deren Arroganz währte nur kurz; dann boten sie ein kläglisches Schauspiel und beschuldigten sich gegenseitig. Damit waren sie erst einmal überführt.

Nachdem der Staatsanwalt die Schule von dem Vorfall verständigt hatte, berief deren Direktor eine Lehrerkonferenz ein. Er hielt es für erforderlich, die Übeltäter für immer aus dem Unterricht zu entfernen und bat die versammelten Kollegen um Stellungnahme. Ein großer Teil der Anwesenden meldete sich zu Wort und bemühte sich, seiner Entrüstung Ausdruck zu verleihen, ohne sich konkret festzulegen. Obwohl jeder wußte, daß es sich nur um die sprichwörtliche Spitze vom Eisberg handelte, einigte man sich darauf, daß dies ein bedauerlicher Einzelfall gewesen sei, gleichsam die bekannte Ausnahme von der Regel. Der dienstälteste Lehrer allerdings sagte gar nichts und sann resigniert darüber nach, wieso es den Pädagogen in vielen Jahrhunderten nicht gelungen war, ihren Zöglingen und damit späteren Erwachsenen die urigen Aggressionsgelüste auszutreiben und vernünftige Ideale anzuerziehen. Die meisten Eltern mit ihrer Ehrgeiz- und Wohlstandsideologie waren freilich auch keine Vorbilder. Er freute sich auf seinen baldigen Ruhestand.

Vor Gericht fand die Hauptverhandlung erst nach merklicher Verzögerung statt; die Justizorgane waren überlastet, und es gab Wichtigeres als den Mordversuch an einem alten Mann. Im Prozeß war man sehr um die Persönlichkeitsrechte der Angeklagten bemüht, indem die örtlichen Medien auf den Vorraum des Gerichtssaals beschränkt blieben und die Gesichter der Strolche auf Abbildungen unkenntlich gemacht werden mußten. Wegen der vorliegenden Geständnisse fiel es dem Staatsanwalt leicht, die Anklage zu begründen. Interessanter waren die Winkelzüge der Verteidiger. Besonderer Wert wurde auf die Tatsache gelegt, daß einer der Sünder zwar inzwischen die Altersgrenze überschritten, das Delikt jedoch noch als Jugendlicher begangen habe, und als solcher milder zu beurteilen sei. Die sehr wohlhabenden Eltern eines der Angeklagten hatten ihm einen Starverteidiger engagiert, der unter dem Hinweis auf die gestohlene Brieftasche mit dem Argument hantierte, sein Mandant habe es bei seinem reichlichen Taschengeld doch überhaupt nicht nötig, einen Raubüberfall zu begehen. Das Opfer erinnerte sich jedoch, daß gerade der besonders luxuriös gekleidete

Übeltäter als Letzter noch auf den bereits am Boden liegenden einge-
treten habe. Alle Verteidiger waren der Meinung, daß die Angeklagten,
als zur Tat unter Alkoholeinfluß stehend, überhaupt nicht schuldfähig
wären.

Das Gericht fand einen Kompromiß: Die Angeklagten wurden
schuldig gesprochen; da sie jedoch trotz ihres üblen Rufs strafrechtlich
vorher noch nicht in Erscheinung getreten waren, konnte die Voll-
streckung des Urteils zur Bewährung ausgesetzt werden. Die Binde
vor Justitias Antlitz kann wohl doch recht unterschiedlich interpretiert
werden.

Verwandtschaft

Tante Frieda und Onkel Otto sind, nach außen hin eher unauffällig, in ihrer Weltsicht trotzdem erwähnenswert. Um mit der heiteren Seite zu beginnen: Da der Onkel über lange Zeit in der Lotterie gespielt hatte, wurde ihm unter Verwandten der Reim »Onkel Otto spielt im Lotto« zugeordnet, der langfristig nach Onkels Enttäuschung und Sinneswandel zu »Onkel Otto schimpft auf Lotto« modifiziert wurde. Für die Tante gilt der Knittelvers »so was wie die Frieda, so was war noch nie da«, was selbstverständlich ironisch gemeint ist. Beide ärgern sich über die Verunglimpfung, verbergen dies jedoch sorgfältig.

In der Ehe der beiden ist die Tante, wie so oft, dominant. Das ergibt sich sowohl aus dem Temperament als auch dem Körpergewicht. Der Onkel wirkt ein wenig schmächtig; er war schon als Kind schwächlich gewesen, und bei den Rangeleien auf dem Schulhof hatte er viel mehr Schläge eingesteckt als ausgeteilt. So ist er in reifen Jahren zu einem introvertierten Menschen geworden, dessen Fähigkeiten vorwiegend auf theoretischem Gebiet liegen. Dem Paar waren keine Kinder beschert worden, und die anderen fragten sich manchmal, wie sich wohl das Nachtleben der beiden gestalten mochte. Im Tage widmet sich die Tante voller Tatkraft der Haushaltführung, während der Onkel in der Bürokratie beschäftigt ist, wobei sein bescheidenes Gehalt für beider Lebensunterhalt ausreicht. Er hatte sich in jungen Jahren Gedanken über den Sinn des Lebens gemacht und geglaubt, die Welt ein wenig verbessern zu können. Nachdem er von der Praxis eines Schlechteren belehrt worden war, resignierte er, und die Partnerin entschied, daß es am günstigsten sei, im Fluß der anderen mitzuschwimmen. Daß hierfür in unterschiedlichen Schattierungen u.a. die Bezeichnungen Opportunismus, Egoismus und Pragmatismus zutreffen, interessiert sie gleichsam »soviel wie feuchter Kehricht«.

Besonders deutlich wirkte sich diese Einstellung bei der Kleidungsmode aus. Die Frau achtet streng darauf, welche Farbe in der jeweiligen Saison aktuell ist, im Trend liegt. Wenn die Designer es wollen, ist sie auch bereit, im heißen Sommer knöchellang zu gehen und demgegenüber in der kalten Jahreszeit ein kurzes Röckchen zu tragen. Wehe der Person, die sich diesem Diktat nicht unterwirft; sie wird ausgestoßen aus der Schar ehrbarer Damen!

Wesentlich seriöser geht es bei politischen Wahlen zu. Hier sind Redetalent und gutsitzender Anzug des jeweiligen Spitzenkandidaten nicht allein maßgebend. Sein politisches Programm wird selbstverständlich subjektiv bewertet. Kürzlich verhinderte ein Spitzenpolitiker die Teilnahme seiner Landsleute an einem Krieg in fernen Landen, mußte jedoch kurz danach wegen des desolaten Zustands der Staatsfinanzen langfristig Steuererhöhungen ankündigen. Nach der Überlegung, daß die Toten und Krüppel eines solchen Krieges nur einen begrenzten Teil der Bevölkerung, die Steuer jedoch alle Bürger beträfen, wählten Tante und nach Belehrung auch Onkel die Gegenpartei. Die Konkurrenz hatte nämlich zugesagt, daß sie Wunder vollbringen und das Staatsbudget ohne Einschnitte zurechtmogeln würde.

Eine länger während Debatte gab es hinsichtlich des Kaufs eines Autos. Der Mann war rege interessiert und kaufbereit. Da jedoch die Ersparnisse nur zum Erwerb eines Kleinwagens reichten, blockte die Frau ab: In so ein mickriges Ding setze sie sich nicht, entweder ein repräsentativer Wagen oder gar keiner. So blieben nur Träume und grundsätzliche Fragen zurück: Wieso werden Autos mit Motoren unnötig großer Leistung und entsprechendem Spritverbrauch gebaut, wenn vernünftige Aggregate möglich sind? Ist es ein Zeichen von Exklusivität, daß sich just bei großen, teuren Wagen seit hundert Jahren der Motor vorn und die angetriebene Achse hinten befindet, obwohl andere Varianten ebenso gut sind? Bei Umfragen merkte der Onkel jedoch, daß er als Spinner betrachtet wurde, und das Interesse der Mitmenschen vorwiegend dem Farbton der Lackierung, der Form der Scheinwerfer sowie allenfalls noch der Lage des Handschuhfachs gilt.

Ansonsten sind Tante und Onkel sehr um Solidität bemüht. Sie grüßen die Nachbarn freundlich, nehmen täglich fünf kalorienarme Mahlzeiten ein, erfreuen sich regelmäßigen Stuhlgangs und gehen jede Woche einmal zum Sportverein. Sie sind mehrfach versichert und werfen ihren Unrat nur weg, wenn keiner zusieht. Da sie jedes Risiko vermeiden, besteht für sie die reale Chance, sehr alt zu werden. Wenn sie inzwischen nicht gestorben sind, leben sie noch heute.

Was ist Liebe?

Ein Mädchen kommt, fast etwas spät,
mit dreizehn in die Pubertät.
Sie spürt im Busen zarte Triebe
und denkt mit Recht: Was ist denn »Liebe«?
Sie meint, ich werd' die Mutti fragen,
die wird mir schon das Rechte sagen.
Die Liebe, spricht die, hat zwei Seiten.
Als du geboren wardst beizeiten,
da mußten wir dich hegen, pflegen,
zuhause und auf allen Wegen.
Bei Krankheit hab' ich manche Nacht
an deinem kleinen Bett gewacht.
Wenn wir nun einstmals werden alt,
die Haare grau, die Füße kalt,
so möchten dann wir armen Alten
etwas von dem zurückerhalten,
was du in allen diesen Jahren
von uns an Liebe hast erfahren.
Du bist jetzt unser Sonnenschein
und sollst es auch im Alter sein.
Das Mädchen denkt: Das ist ganz richtig,
doch ist wohl auch noch Andres wichtig?
Nach Klarheit steht ihr jetzt der Sinn;
drum wandelt sie mit Fragen hin
zu ihrer weisen Lehrerin.
Dies Weib erschien ihr nie verkehrt,
als Mensch galt sie so recht gelehrt
und ward von allen sehr verehrt.
Auch sie hat Liebe einst erfahren,
doch ist sie jetzt in reifren Jahren,

und nun ihr eignes Liebesglück
liegt leider etwas schon zurück.
Sie sagt: Die Liebe ist sehr schön,
nur darfst du sie nicht enge sehn.
Erhebe dich zu größren Höh'n –
der ganzen Menschheit gelt' dein Flehn!
Umarme all' die Millionen,
Geschlechter, Generationen –
wir Alten und ihr Jungen,
sie alle sei'n umschlungen!
Das Mädchen denkt: Fast ein Zitat –
wie teuer ist doch guter Rat.
Ob es, wenn man so richtig liebt,
nicht auch noch etwas Andres gibt?
Sie spricht bei ihrem Doktor vor
und lauscht dann aufmerksam, ganz Ohr,
was dieser große, kluge Mann
ihr darauf bringt für Kunde an.
Als Arzt bedenkt der allemal
die Liebe nicht sentimental
und widmet sich mit ganzer Kraft
der Praxis und der Wissenschaft.
Die Liebe, sagt er, ist Verführung
und darauf innige Berührung.
Ja, wenn ich dieses recht betrachte
und alles rundherum beachte,
kurzum, prägnant, mit einem Wort,
pflanzt sich damit die Menschheit fort.
Weil zur Erhaltung unsrer Art
sich hierbei Lust mit Wirkung paart.
Es ist, damit die Störche fliegen
und junge Frauen Kinder kriegen.

Das Mädchen stutzt, das Mädchen staunt,
was ihr vom Fachmann zugeraunt:
Denn auch ein Allzuviel an Kindern
läßt sich mit Leichtigkeit verhindern.
Wird eine Pille ihr verschrieben,
so kann sie unbesorgt dann lieben.
Mit Dank geht sie vom Doktor fort
und strebt zu einem andren Ort.
Dort trifft sie ihren jungen Freund,
der ihr gewitzt und clever scheint.
Der sagt nun: Wie die Dinge liegen,
ist Zweck der Liebe das Vergnügen!
Die Liebe ist auf jeden Fall
gar keine Sache der Moral.
Vertrau dich mir nur ruhig an;
was wir dann tun, ist wohlgetan
mit Zärtlichkeit und Spaß und Freude
das ist die positivste Seite.
Nachdem das Mädchen recherchiert
und sich umfassend informiert,
da ordnet sie nach manchem Schwanken
die widersprüchlichen Gedanken:
Die Liebe ist sehr schön und wichtig.
Was man hier tut, ist gut und richtig.
Zugleich gelangt sie zu der Meinung,
ist Liebe Vielfalt der Erscheinung.
Sie kommt zur Weisheit letztem Schluß,
daß man sie stets verändern muß.
Dabei keimt in ihr das Verlangen,
in ihrem ganzen, weiteren Leben
die Liebe recht oft zu empfangen
und öfter noch, sie auch zu geben.

Eine erlesene Reisegesellschaft

Nach einem sieben Tage währenden, ohne wesentliche Zwischenfälle verlaufenen Flug näherte sich das Raumschiff gegen Jahresende wieder der Erde. Die Verbindung zwischen Erde und Mond war inzwischen so gefragt, daß sie regelmäßig beflogen wurde, wegen des großen Aufwands allerdings nur in relativ langen Abständen, nämlich jährlich einmal. Das bedeutete für die Reisenden erhebliche Wartezeiten und für die Weltraumbehörde trotzdem noch bedeutende Zuschüsse. Im Shuttle befanden sich diesmal 12 Fahrgäste sowie ein Techniker und eine Stewardeß. Diese Betreuerin war die einzige Frau an Bord und galt bei den Männern als gütige Fee. Auf dem langen Flug mußte sie neben den üblichen Pflichten fortwährend die Wehwehchen ihrer Passagiere behandeln, Pillen gegen Raumkrankheit oder einfach nur verdorbenen Magen verabreichen, bei Depressionen trösten und auch guten Rat erteilen, wobei Familienprobleme Vorrang besaßen. Darüber hinaus war sie nicht selten den manchmal sogar handgreiflichen Nachstellungen ihrer Pfleglinge ausgesetzt und wußte selbst nicht recht, ob sie sich darüber ärgern oder freuen sollte. Man hatte sich auf der langen Reise untereinander näher kennengelernt, Ängste und Aggressionen abreagiert, und jeder versuchte nun ausdauernd, sich ins rechte Licht zu setzen.

Ganz vorn, gleich hinter dem Zugang zur Technikkabine, saß ein großer, vierschrötiger Mann, der durch besonders gediegene Garderobe auffiel und sich mit »Hartung« vorstellte. Sein Pelz war ein Prachtstück. Er erwies sich denn auch als Top-Manager eines großen, internationalen Textil- und Bekleidungshauses, der neue Absatzmärkte erschließen wollte. Wie der Riese dann auf Befragen und etwas zögernd erklärte, sei die weite Reise nur ein bescheidener Teilerfolg gewesen, da auf dem Mond ja völlig andersartige klimatische Verhältnisse herrschten. Außerdem sei das Modebewußtsein bei den dort Ansässigen äußerst unterentwickelt und bedürfe noch der Intensivierung. Die zu erwartenden Umsätze seien ziemlich mäßig und nicht geeignet, die irdische Rezession auszugleichen. Die Gründung eines Zweigwerks verbiete sich zudem wegen der hohen Lohnkosten und der gewinnbringende Import aus Billigländern sei wegen des enormen Transportaufwandes unmöglich. Er sprach langsam und war sichtlich um einen seriösen Eindruck bemüht.

Sein Gegenüber wirkte dagegen eher klein und ziemlich lebhaft. Er war als Moderator tätig und reiste unter seinem Künstlernamen Car Neval. Der quirlige Zwerg war aufgebrochen, um auf dem Mond das Vergnügungsleben zu organisieren. Er begründete dies damit, daß auf der Erde die zwischenmenschliche Geselligkeit inzwischen so von den Medienkonzernen beherrscht werde, daß man mit neuen Ideen schon auf andere Gestirne ausweichen müsse. Als er merkte, wie die anderen seine zierliche Gestalt bewunderten, gestand er freimütig, daß ihm sein Wuchs Kummer bereitete. Er besaß auch ein Paar besondere Schuhe, die ihn merklich größer machten; diese seien aber so unbequem, daß er sie nur zu besonderen Anlässen tragen könne. Das letzte Mal hatte er sie vor vier Jahren angehabt.

Der Herr auf der dritten Bank nannte sich von Maertz. Er schien wegen seiner Magerkeit und Haltung sowie dem scharfen Profil besonders forsch, und man glaubte ihm, daß er einem alten Offiziersgeschlecht entstammte. Seine Vorfahren waren im Mittelalter mit Kaiser Barbarossa über die Alpen gezogen und hatten unter Wallenstein wie später Blücher gedient. Man munkelte auch von einem Raubritter im Thüringischen, der nach dem Interregnum unter den Habsburgern geköpft worden war. Ihr Nachkomme hier arbeitete ebenfalls im Militärwesen, dem Zug der Zeit folgend allerdings auf dem Abrüstungssektor. Er war zur Inspektion auf dem Mond gewesen und hatte mit deutscher Gründlichkeit als einziger der Fluggäste dessen Rückseite in einem modifizierten Jeep durchquert. Er konnte dabei nirgends Militarismus feststellen, schätzte jedoch ein, daß bei der zunehmenden Gewaltkriminalität eine schnelle Eingreiftruppe unerläßlich sei. »Damit die Frauen, Kinder und Alten ruhig schlafen können, jawoll«, schnarrte er mehrmals zur Bekräftigung.

Sein Nachbar war ein noch ziemlich junger, etwas unruhiger Mann, der April hieß. Er war von Beruf Meteorologe und arbeitete an seiner Dissertation mit der Zielstellung, die Treffsicherheit von Wetterprognosen zu verbessern. Dabei vertrat er die Meinung, daß der Einfluß des Mondes auf das irdische Wetter gewaltig unterschätzt werde und hatte diese Reise unternommen, um hierzu Näheres zu erkunden. Niemand widersprach ihm, als er feststellte, daß man zwar den Lauf entfernter Sterne über Jahre im Voraus berechnen könne, aber nicht sicher wüßte, woher auf Erden am nächsten Tage der Wind wehte. Alle aber lächelten, als er sich in der Lage glaubte, hier den großen Umschwung zu erzielen. Im persönlichen Umgang war er sehr freundlich, änderte jedoch fortwährend seine Meinung.

Auf Platz fünf saß ein Mensch, dessen markanter Kopf mit üppig krausem Haar und betont heiterer Miene nicht recht zur eher dürftigen Kleidung zu passen schien. Er bezeichnete sich als Dichter, und man sagte ihm nach, daß er seine Muttersprache um einige Kreationen bereichert hätte. Er galt sogar als Altmeister der Poesie schlechthin. Unter anderem sollte er Urheber der Endreime Sonne/Wonne, grün/blüh'n und Liebe/Triebe sein. Er schwärmte für Blumen. Darüber hinaus vertrat er mit nachsichtigem Lächeln die Ansicht, daß der Materialismus ein Grundübel unserer Zeit sei, und ideelle Werte viel wichtiger seien als Geld und Gut. Die Anderen lauschten ihm gern und einigten sich auf die Meinung, daß dieser Narr eigentlich recht hätte. Die übrigen Männer verzeichneten auch nicht ohne Neid, daß sich die hübsche Stewardeß ziemlich oft in seiner Nähe aufhielt und ihn offensichtlich bevorzugte. Seine Mondreise wurde von einem Stipendium der Gesellschaft für interstellare Literatur finanziert mit dem Ziel, die poetischen Horizonte der Menschheit zu erweitern.

In der Mitte des Raumschiffs saßen zwei Herren, die ausdauernde

Gespräche miteinander führten, wobei die Debatten sich vorwiegend um die Frage drehten, welcher Lebensstil denn für die Fitneß am günstigsten wäre. Der eine war Vertreter eines großen Reisebüros, das sich nach der antiken Göttin Juno benannte. Er wollte den Mond touristisch erschließen, fand jedoch inzwischen, daß dieser für die breite Kundschaft nicht attraktiv genug und außerdem die Anreise zu beschwerlich sei. Er war dementsprechend mißmutig und widersprach seinem Gesprächspartner fortwährend.

Dieser vertrat die gegenteilige Methode, indem seine Firma sich anbot, an jedem beliebigen Ort Schwimmbäder, Saunen und Solarien zu errichten. Der Werbespruch des Unternehmens lautete »jedem sein eigenes Urlaubsparadies!« Da das Mondklima ziemlich unfreundlich ist, und die Bewohner einen Ausgleich suchten, war sein Auftragsbuch gut gefüllt. Sein Name war Julius.

In der Reisegesellschaft befand sich auch eine etwas tragikomische Figur – der Herr von Nummer 8. Er stammte vom deutschen Hochadel ab und erzählte manchmal stolz vom Stammsitz seiner Ahnen auf dem Schellenberg im sächsischen Erzgebirge. Dieses Schloß war nach dem Kalender gestaltet. So entsprach die Anzahl der Türme den vier Jahreszeiten, die der Schornsteine den Monaten, die Räume angeblich den 52 Wochen und die 356 Fenster zählten nach den Tagen eines Jahres. Der Mann hieß denn auch wie seine berühmten Urgroßväter August. Die Familie war durch Kriege und Revolutionen verarmt, was den Vorteil hatte, daß ihr die Klatschspalten der Regenbogenpresse erspart blieben. So war dieser vorletzte Sproß eines alten Geschlechts Artist geworden und trat in Varieté oder Zirkus als Clown auf. Obwohl dergestalt als »dummer August« berühmt, machte er einen hochintelligenten Eindruck. Er zog jedoch fortwährend Grimassen, und die Haut seines Gesichts war durch die viele Schminke wie Leder geworden. Seine Mitreisenden pflichteten ihm bei, daß es eine verdienstvolle Aufgabe, ja in diesen ernsten Zeiten geradezu eine soziale Notwendigkeit sei, die Menschen hin und wieder auch zum Lachen zu bringen.

Im hinteren Kabinenteil führte der Inhaber von Sitz 9 das große Wort. Er war von Beruf Landwirt und im Auftrag der Welternährungsorganisation unterwegs. Dieses Gremium wollte verhindern, daß sich auf dem Mond ähnliche ernährungspolitische Mißstände entwickelten wie auf der Erde, wo man im Norden Ackerflächen brachlegte, um den Überschuß zu begrenzen, während die Menschen im Süden darbten. Er war hierbei optimistisch und glaubte an den Sieg der Vernunft, wies jedoch zugleich auf ein neues Problem hin, daß nämlich in den Industrieländern die Spitzenerträge durch ungesunde Überdüngung erzielt und letztlich die Güte zugunsten der Menge vernachlässigt würde. Seine Familie betrieb daher in der Heimat einen alternativen Bauernhof, der zwar keinen Gewinn abwarf, aber dafür das Gewissen beruhigte. »Alle diese Konserven mit ihren bunten Verpackungen, chemischen Zusätzen und raffinierten Gewürzen sind doch nichts gegen einen Topf selbstgeernteter Pellkartoffeln«, war eine von ihm häufig gebrauchte Redensart. Die Stewardeß lächelte jedesmal, wenn sie ihm dreimal täglich Nahrung aus der Tube servierte.

Sein vis a vis dagegen wirkte ziemlich verschlossen. Er war Wissenschaftler und zwar Historiker. In seiner Habilitation beschäftigte er sich mit der Frage, ob bzw. warum bei politischen Umbrüchen oder Katastrophen eine jahreszeitliche Häufung zu verzeichnen wäre. So waren die zwei großen Weltkriege beide im frühen Herbst ausgebrochen. Sowohl die kommunistische Revolution in Rußland 1917 als auch die diesmal friedliche Revolution in Ostdeutschland 1989 hatten im Oktober stattgefunden. Der Letztere schien also eine besondere Bedeutung zu haben. Das Interesse der Mitreisenden an dieser Problematik hielt sich jedoch in Grenzen. Sie wiesen den Mann auch darauf hin, daß es viel wichtiger sei, Katastrophen nicht zu deuten, sondern sie zu verhindern. Und dazu müßten in erster Linie die Ursachen beseitigt werden. Hier seien vor allem die Politiker gefordert und die öffentliche Meinung gefragt, wobei Teilerfolge aufatmen ließen und einen bescheidenen Optimismus rechtfertigten.

Auf dem vorletzten Platz Nr. 11 saß ein alter, geschwätziger, aber auch etwas düster dreinschauender Herr. Er war Rentner und hatte die Mondreise bei einem Ratespiel gewonnen. Der Mann fand diesen Ausflug, wie er es nannte, zwar ganz interessant, aber auch ziemlich lang und anstrengend sowie auf die Dauer nicht so recht erbaulich. Er sehnte sich in die ihm vertraute Umgebung zurück, zu seiner Familie, in den Garten und zu seiner Kaninchenzucht. Er wollte möglichst bald nach Hause.

Auch ein Pfarrer war an Bord. Er saß in betont dunkler Kleidung ganz hinten, wo er seine Schäfchen, als die er die Menschen bezeichnete, gut überblicken konnte. Der Pastor war für die Seelsorge auf dem Mond verantwortlich gewesen und nach einem Jahr abgelöst worden. Religiöser Fanatismus war ihm fremd, er stand jedoch fest im Glauben und vertrat einen Gott der Liebe und Güte. Als Höhepunkt des Jahres empfand er das Weihnachtsfest und bezeichnete es als sichtlich glückliche Fügung, daß hierbei die Geburt des Heilands mit der Wintersonnenwende und der Wiederkehr des Lichts zusammenfiel. Auch er war bereits betagt und ersehnte geduldig die Heimkehr.

Wo muntre Reden hurtig fließen, vergeht die Zeit rasch. Der Jahreswechsel nahte. Bald waren Einzelheiten der unter dem Raumgleiter vorbeiflitzenden Landschaft zu erkennen und es kam die Aufforderung zum Anschnallen.

Nach dem Ausrollen des Flugschiffs atmeten alle erleichtert auf und streckten sich. Die Reise ging nun in einem Autobus weiter zur nächsten Kreisstadt und endete dort auf dem historischen Marktplatz vor einem prächtigen und sorgfältig restaurierten Gasthof. Dieser war mit seinem kunstvollen Fachwerkgiebel nicht nur architektonisch interessant, sondern hatte in seiner bewegten Geschichte auch allerlei Berühmtheiten beherbergt, wie auf einem bronzenen Relief kundgetan wurde. Die markantesten Persönlichkeiten waren neben Fürstin Gloria von Arkadien und Sherlock Holmes noch der ebenso berühmte wie umstrittene Arzt Placebo sowie der zeitlos aktuelle Philosoph Andersen. Die Tafel wurde jedoch nur wenig beachtet und war von einer dicken Patina bedeckt.

Hier trennte sich unsere Reisegesellschaft und nach kurzem Abschied strebte ein jeder seinem eigenen Ziele zu, voller Erwartung die einen, mit Skepsis die anderen, alle jedoch guter Hoffnung auf bessere Tage.